中共八大纪事

30 读·党史 第30辑

中共八大纪事

劭瑄 /编

中共党史出版社

图书在版编目(CIP)数据

中共八大纪事/劭瑄编．—北京：中共党史出版社，2016.10（2022.7 重印）

（读·党史）

ISBN 978-7-5098-3699-6

Ⅰ.①中…　Ⅱ.①劭…　Ⅲ.①中共八大(1956)—史料

Ⅳ.①D220

中国版本图书馆 CIP 数据核字(2016)第 116200 号

启事：本书选用的部分文字、图片，来源于各正式出版物。其中还有部分作品尚未与有关作者、编者取得联系，我们深感不安。恳请有关权利人联系我社，我们将按《著作权法》的相关规定支付稿酬。（联系人：陈海平　电话：010—82517160）

出版发行：中共党史出版社
责任编辑：安胡刚
责任校对：龚秀华
责任印制：谷智宇
社　　址：北京市海淀区芙蓉里南街6号院1号楼
邮　　编：100080
网　　址：www.dscbs.com
经　　销：新华书店
印　　刷：北京君升印刷有限公司
开　　本：145mm×210mm　1/32
字　　数：114 千字
印　　张：5
印　　数：3101—5100 册
版　　次：2016 年 10 月第 1 版
印　　次：2022 年 7 月第 2 次印刷

ISBN 978-7-5098-3699-6

定　　价：15.00 元

此书如有印制质量问题，请与中共党史出版社出版部联系
电话：010—82517197

党史、国史上的时间节点

/博言

1956年，适逢中国共产党成立35周年。同时，又是社会主义改造基本完成，社会主义基本制度确立，中国进入社会主义初级阶段。可见，这一年召开的八大，无论在党史上还是国史上，都成为一个时间节点。

在这35年里，中国共产党带领全国人民，取得新民主主义革命的胜利，建立了新中国，完成了实现中华民族伟大复兴第一阶段的历史任务，这就是争取民族独立、人民解放。同时，又成为实现第二阶段历史任务的新起点，就是实现国家富强、人民富裕。

从新中国成立到八大的召开，在中国共产党的领导下，实现了从半殖民地半封建社会到民族独立、人民当家作主的新社会，从新民主主义到社会主义的两个历史性转变。完成社会主义革命，确立社会主义基本制度，成功实现了中华民族有史以来最广泛而深刻的社会变革，为当代中国一切发展进步奠定了根本政治前提和制度基础，为中国发展富强、中国人民生活富裕奠定了坚实基础，实现了中华民族由不断衰落到根本扭转命运、持续走向繁荣富强的伟大飞跃。

1956年9月15日，在党的第八次全国代表大会上，毛泽东作了约有2500字的开幕词。在这个开幕词里，毛泽东提出大会的任务，是总结七大以来的经验，团结全党和国内外一切可能团结的力量，为建设一个伟大的社会主义的中国而奋斗。这个简短的开幕词，引发了34次掌声。其中，热烈鼓掌15次，长时间热烈鼓掌四次，全体起立长时间鼓掌三次。

何谓伟大的中国？归根结底，就是要发展工业，实现国家的工业化，使农业国变为工业国。中国自古以来就是一个农业大国。随着西方资本主义生产方式的兴起和近代工业的发展，中国变得贫穷落后。在外国人眼里，中国曾是“老大帝国”、“东亚病夫”，经济文化落后，不讲究卫生，打球不行，游泳也不行，女人是小脚，男人留辫子，甚至连月亮也不那么很好，外国的月亮总比中国清爽一点。世界上只有中国这么一个六亿人口的大国，过去却让外国人如此看不起。因此，实行国家的工业化，就成为中国共产党为之奋斗的伟大目标。也是中国人民近百年来梦寐以求的理想，是中国人民不再遭受外国列强欺负，不再过贫穷生活的基本保证。早在党的七大上，毛泽东就明确提出：中国共产党的任务就是为“建设一个独立的、自由的、民主的、统一的、富强的新中国而奋斗”。

新中国成立初期，中国在国民经济发展水平上还是一个落后的、贫穷的农业国，现代工业在国民经济中的比重只有10%左右。所以，以毛泽东同志为代表的中国共产党人迫切希望改变这种落后面貌，力求把“一个很穷的国家”，建设成为“富国”、“强国”。在八大预备会上，毛泽东提出，中国要勇于赶超西方大国，否则，就要被开除球籍。

那么，中国的社会主义经济、政治和文化应该怎样建设和发展？这是党所面临的全新课题。全党上下精神振奋，急切地想做出一番新的伟大事业。这需要把马克思主义基本原理同中国具体实际相结合，不断推进马克思主义中国化、坚定不移地走自己的路、在发展着的马克思主义指导下带领全国人民开创社会主义事业新局面。八大的召开，标志着党探索中国自己的建设社会主义道路取得了初步的成果。大会正确分析了国内形势和国内主要矛盾的变化，提出党在今后的根本任务。大会《关于政治报告的决议》指出：“我们国内的主要矛盾，已经是人民对于建立先进的工业国的要求同落后的农业国的现实之间的矛盾，已经是人民经济文化迅速发展的需要同当前经济文化不能满足人民需要的状况之间的矛盾。”因此，“党和人民的当前的主要任务，就是要集中力量来解决这个矛盾，把我国尽快地从落后的农业国变为先进的工业国。”这些论述，是社会主义制度在中国建立起来以后党制定正确路线的政治基础。时隔26年后，邓小平在中共十二大开幕词中指出，党的第八次代表大会，“分析了生产资料私有制的社会主义改造基本完成以后的形势，提出了全面开展社会主义建设的任务。八大的路线是正确的。”

在明确主要任务之后，八大进一步确定了社会主义建设的战略目标，就是要尽可能迅速地实现国家工业化，有系统、有步骤地进行国民经济的技术改造，使中国具有强大的现代化的工业、现代化的农业、现代化的交通运输业和现代化的国防。八大还在经济、政治、文化等方面作出了一系列重要决策，提出的许多新方针和设想富有创造精神。大会确定的以经济建设为中心的政治路线，对于社会主义事业的发展和党的建设具有长远的重要意义。

如今，八大的召开已经过了整整一个甲子。一切向前走，都不能忘记走过的路；走得再远、走到再辉煌的未来，也不能忘记走过的过去。

（本文作者系中共中央党史研究室研究员）

目 录
CONTENTS

▶ 写在前面的话

1　党史、国史上的时间节点 /博言

▶ 综　述

1　党的八大：社会主义时期党史上的一座丰碑 /郑直

▶ 人　物

42　毛泽东与中共八大 /李捷
65　中共八大前后的刘少奇 /曾成贵
110　八大期间周恩来同外国党代表团的谈话
140　对朱德在党的八大创见的解读 /陆仁权
76　邓小平与中共八大的筹备 /张金才
134　陈云与中共八大 /张丽　郭兰瑛

▶ 回　忆

125　关于党的八大召开前后的历史片断回忆 /李雪峰
32　难忘党的八大 /于光远

目录
CONTENTS

100 忆八大见闻 /张宝昌 口述 张事贤 整理

▶ 史 事

54 中共八大文件的三支笔 /程波

119 中共八大的同声传译 /刘德有

94 党的八大选举前后的故事 /水新营

▶ 观 点

87 党的八大与改革开放 /林炎志

151 八大路线未能坚持下去的原因 /谢春涛

▶ 日 志

13 中共八大的筹备及大会日志 /杨瑞广

154 编辑手记 /安胡刚

党的八大：社会主义时期党史上的一座丰碑 /郑直

在1945年党的七大上，毛泽东曾满怀信心地预言：党的八大一定会到北平、天津这样大的中心城市去开，他还自信地说："有人说，这是机会主义；恰恰相反，八大如果还要在延安开，那就近乎机会主义了。"11年后，党的八大果然在北京召开了。

八大召开的历史背景

党的七大后，在马克思主义中国化第一次飞跃的理论成果——毛泽东思想的指引下，全党上下团结一心，用近四年的时间，就取得了解放战争的伟大胜利。

在中国革命取得全国胜利的前夜，1949年3月5日至13日，中共七届二中全会在河北省建屏县的西柏坡村举行。毛泽东在会议的报告中，提出了促进革命取得全国胜利和组织这个胜利的方针；指出在全国胜利的局面下，党的工作重心将由乡村转移到城市。报告规定了党在全国胜利以后在政治、经济、外交等方面应当采取的基本政策，以及使中国由农业国转变为工业国、由新民主主义社会转变为社会主义社会的总任务和主要途径。报告还科学地分析了革命胜利后国内外阶级斗争的新形势，号召全党警惕资产阶级"糖衣炮弹"的进攻。

1949年10月1日中华人民共和国的成立，是中国有史以来最伟大的事件之一，也是20世纪世界上最伟大的事件之一。新中国成立后，中国共产党成为在全国范围执政的党，担负起领导全国各族人民建设新国家的重任。

新中国成立之初，为了落实七届二中全会和《共同纲领》提出的任务，党于1950年6月召开了党的七届三中全会。会议确定了"为争取国家财政经济状况基本好转"的中心任务和"不要四面出击"的基本策略。会后，党领导人民胜利地进行了抗美援朝战争、土地改革运动和其他各项新民主主义改革，胜利完成恢复国民经济的艰巨任务。经过三年多的艰苦奋斗，遭到严重破坏的国民经济获得全面恢复，并有了初步发展。1953年6月，中共中央政治局正式讨论和制定了中国共产党在过渡时期的总路线，这是一条社会主义建设与改造并举的路线。

在这一时期，发生了高岗、饶漱石分裂党的重大事件。1954年2月，党的七届四中全会揭发批判了他们的反党分裂活动。1955年3月，中国共产党全国代表会议通过决议，开除高岗、饶漱石的党籍，撤销他们所担任的一切职务。通过这次斗争，维护了党的团结，为过渡时期总路线得以顺利贯彻提供了重要保证，也为顺利召开八大作了准备。

1954年9月，第一届全国人民代表大会第一次会议在北京隆重召开，大会通过的《中华人民共和国宪法》以根本大法的形式，把中国共产党在过渡时期的总路线作为国家在过渡时期的总任务确定了下来。

1956年，对生产资料私有制的社会主义改造基本完成，社会主义工业化也取得巨大进展，社会主义基本制度已经建立起来。新民主主义革命的胜利和社会主义制度的确立，是中国社会在20世纪实现的又一次历史性巨大飞跃。如何在生产力发展水平还很落后的基础上建设和发展社会主义的政治、经济和文化？这成为党所面临的全新课题。全党上下精神振奋，急切地想做出一番新的伟大事业。

确立召开八大的指导方针

在1956年召开党的八大，是党中央于1955年确定下来的。1956年2月，苏联共产党第二十次全国代表大会尖锐地揭露出斯大林在领导苏联社会主义建设中的严重错误以及对他的个人崇拜所造成的严重后果，在社会主义阵营中引起极大震动。中国共产党从中吸取了深刻的教训，认为包括中国共产党在内的各国马克思主义政党，都必须破除迷信，解放思想，探索适合本国情况的革命和建设道路。毛泽东说：我们从苏共二十大得到的最重要的教益是要独立思考，从各个方面考虑如何按照中国的情况办事，努力找到中国建设社会主义的具体道路。1956年4月，毛泽东提出：现在我们有了自己的初步实践，又有了苏联的经验和教训，应当更加强调从中国的国情出发，在马克思主义与中国实际的结合上下功夫，"进行第二次结合，找出在中国进行社会主义革命和建设的正确道路"。这些认识是八大筹备工作的重要思想基础。

从1955年底到1956年春，为准备八大的召开和迎接大规模经济建设，毛泽东、刘少奇等党和国家领导人进行了一系列调查工作。在此基础上，毛泽东集中大家的意见，在1956年4月的政治局扩大会议上作了《论十大关系》报告。报告确定的基本方针，就是要把国内外一切积极因素调动起来，为社会主义事业服务。报告中论述的诸如重工业、轻工业和农业等十个问题，都是在总结我国经济建设的经验和以苏联经验为鉴戒的基础上提出来的。毛泽东强调：对于外国的经验，既不能不加分析地一概排斥，也不能一概照搬。"最近苏联方面暴露了他们在建设社会主义过程中的一些缺点和错误，他们走过的弯路，你还想走？过去我们就是鉴于他们的经验教训，少走了一些弯路，现在当然更要引以为戒"。"我们要学的是属于普遍真理的东西，并且学习一定要与中国实际相结合。如果每句话，包括马克思的话，都要照搬，那就不得了。我们的理论，是马克思列宁主义的普遍真理同中国革命的具体实践相结合”。这样就明确了建设社会主义必须根据本国情况走自己道路的基本思想，确立了若干具有中国特色的建设社会主义的新方针。《论十大关系》提出的许多重要方针和观点，对于后来国家的发展具有重要意义。

在此前后，党还提出了既反保守又反冒进的经济建设的方针、在新形势下对知识分子的政策、“向现代科学进军”的任务，以及“百花齐放、百家争鸣”的发展和繁荣社会主义科学文化事业的指导方针。这一系列新方针的提出，展现了党为寻找适合中国情况的建设社会主义道路，解放思想、进行多方面探索的生动景象，为八大的召开作了重要的思想准备。

《论十大关系》提出后，八大政治报告的起草工作就确定以这个报告的精神为指导思想。毛泽东亲自领导并参加了起草政治报告、修改党章和起草修改党章报告的工作。在谈到八大文件的修改方针时，毛泽东说：第一次推翻你的，第二次推翻他的，推翻过来，推翻过去，这也说明我们是有民主。不管什么人，对事不对人。报告于1955年12月开始起草，至1956年7月初写成。从8月上旬至9月14日，毛泽东先后12次进行修改。八大文件草稿形成后，中央组织中央机关和各省、市、自治区及军队党的负责人反复讨论，征求意见。毛泽东还指示将政治报告已定稿的各部分，印发给八大所有代表，请他们即看即加修改。据统计，八大政治报告的各种修改稿有80多份，党章修改稿有50多份。这种民主的氛围使八大文件不仅凝聚了以毛泽东为首的党中央领导集体的经验和智慧，也凝聚了全党的经验和智慧。

在1956年8至9月召开的七届七中全会即八大预备会上，毛泽东提出大会的目的和宗旨是：总结七大以来的经验，团结全党，团结国内外一切可以团结的力量，为建设伟大的社会主义中国而奋斗。关于选举新的中央委员会，毛泽东强调要坚持七大的方针，即团结的方针，对待犯错误的同志包括犯过路线错误的同志，更要采取这样的方针。"党内关系如何，关系极大，关系到能不能团结全国人民，团结全世界人民。所以，这次大会有点跟七大相同，就是要开成一个团结的大会"。他希望在建设社会主义时期不要像民主革命时期犯那么多和那么长时间的错误，避免栽那么多筋斗。毛泽东强调八大的重点是讨论建设，八大报告的主要部分是讲建设。为了迎接大规模的建设，就要造就更多的知识分子，将来中央委员会里应该有许多工程师和科学家，成为一个科学中央委员会。

会上，毛泽东还对中央的人事安排作了说明。他说，为了国家的安全，中央准备设四位副主席和一位总书记。"一个主席、一个副主席，少奇同志感到孤单，我也感到孤单。一个主席，又有四个副主席，我这个'防风林'就有几道"。他特别推荐了邓小平为党中央书记处总书记，陈云等为党中央副主席。他说，邓小平这个人比较公道，比较有才干，比较能办事，比较顾全大局，是个厚道人，他是在党内经过斗争的。陈云是工人阶级出身，他比较公道、能干，比较稳当，看问题尖锐、有眼光，能抓住要点。

八大的召开

1956年9月15日至27日，中国共产党第八次全国代表大会在北京举行。出席大会的代表1021人，代表了全国1073万党员。应邀列席会议的有来自56个国家的共产党、工人党、劳动党和人民革命党的代表，还有中国各民主党派和无党派人士代表。毛泽东致开幕词，刘少奇代表中央委员会作政治报告，邓小平作关于修改党章的报告，周恩来作关于发展国民经济的第二个五年计划的建议的报告，朱德、陈云等100多位代表作了大会发言或书面发言。大会正确地分析了国内外形势和国内主要矛盾的变化，明确指出：由于社会主义改造已经取得决定性的胜利，我国无产阶级同资产阶级之间的矛盾已经基本上解决，国内的主要矛盾，已经是人民对于建立先进的工业国的要求同落后的农业国的现实之间的矛盾，已经是人民对于经济文化迅速发展的需要同当前经济文化不能满足人民需要的状况之间的矛盾。党和全国人民当前的主要任务，就是要集中力量解决这个矛盾，把我国尽快地从落后的农业国变为先进的工业国。这些论述，是社会主义制度在我国建立起来以后党确定正确路线的基本依据。

会前，毛泽东曾指出：发言"对工作要有批评，要有自我批评，要有分析，五分钟的发言也可以有分析。如果我们开一次会议没有批评，净讲一套歌功颂德，那就没有生气，那无非只要一个'好'字就行了，还要多讲干什么"？根据这样的精神，会上，许多代表对党的工作中的缺点和错误诚恳地提出批评和富有建设性的意见，

中共八大会场。图为中共八大主席台

解放思想、勇于探索、坦诚相见的新风气洋溢整个会场。在183篇大会发言、书面发言和未刊发言中，既有中央领导人的，也有地方各级党委和中央各部委、国家各部委负责人的，还有来自基层的党组织负责人或普通党员的。发言人数之多、代表面之广、发言内容之丰富，在党的历次代表大会上少见。

经过充分的讨论，大会确定了经济、政治、文化和外交工作的方针。在经济建设方面，强调要从国家的财力物力的实际状况出发，坚持既反保守又反冒进即在综合平衡中稳步前进的方针。在管理体制方面，要求适当扩大地方管理权限，并调整一些经济管理体制。在经济体制方面，大会肯定了陈云提出的“三个主体，三个补充”思想。

在政治关系方面，强调进一步扩大国家的民主生活，建立健全社会主义法制；共产党和各民主党派、无党派民主人士实行“长期共存，互相监督”的方针；坚持中国共产党领导的统一战线和多党合作。在科学文化建设方面，确认“百花齐放，百家争鸣”为发展科学和文化艺术的指导方针，努力创造社会主义的民族的新文化。在对外政策方面，坚持以互相尊重主权和领土完整、互不侵犯、互不干涉内政、平等互利、和平共处五项原则为基础的外交政策。

大会还首次提出了在全国执政的情况下加强党的建设的重要方针。八大召开时，党的自身状况已发生巨大变化：全国党员人数已达1073万，比七大时增加八倍多，占当时全国人口总数的1.74%。党的组织分布在全国各个地区。处于执政地位的党，面临着种种新的考验。有鉴于此，八大提出，党的建设的基本任务就是提高全党的马克思列宁主义水平，坚持理论联系实际、实事求是的原则，把马克思主义的普遍真理同中国革命的具体实践紧密结合。八大要求更加重视发扬党的群众路线的优良传统，警惕执政党脱离群众和实际；强调对党的组织和党员的监督，坚持集体领导和个人负责相结合的制度，发扬党内民主。八大关于修改党章的报告，一方面突出地提出反对党内的主观主义、宗派主义、官僚主义的问题；另一方面，根据对苏联社会主义建设经验教训的总结，强调坚持民主集中制和集体领导制度，反对个人崇拜、突出个人和反对对个人歌功颂德，加强对党和国家的监察工作，等等。

新党章还有两个比较突出的特点：一是增加了"中央委员会认为有必要的时候，可以设立中央委员会名誉主席一人"一项。这是因为毛泽东向中央提出，他准备在适当时候卸任党的主席，也不再担任下一届国家主席，并且建议修改宪法，规定国家主席、副主席只得连任一届。这是酝酿废除领导干部职务终身制，准备实行党和国家领导体制改革的一项很有意义的设想。二是在党的指导思想中不提"毛泽东思想"。这是根据毛泽东本人的多次提议而决定的。他曾说："如果把毛泽东思想同马列主义并提，有人会以为是两个东西，为了不使发生误会，就不提毛泽东思想。"

第八届中央委员会的产生，先由代表进行不限额的自由提名，然后汇总名单，经过几上几下的反复酝酿和讨论，又经过两轮预选才确定提交大会正式选举的候选人名单。这种提名方式充分发扬了党内民主，在党的历史上是第一次。大会选举产生党的第八届中央委员会共97人。随后在八届一中全会上，选出17名政治局委员，选举毛泽东为中央委员会主席，刘少奇、周恩来、朱德、陈云为副主席，邓小平为总书记，由上述六人组成中央政治局常务委员会。党的八大产生的中央领导机构承续了七大选出的党中央领导集体，又有新的成员加入，为未来的新老交替作了重要准备。

八大是党在全国执政后召开的第一次全国代表大会，也是在中国由新民主主义社会过渡到社会主义社会这一重大历史转折时刻所举行的一次大会。大会全面正确地总结七大以来特别是建国以来的历史经验，正确地分析了国际形势发展的新特点；正确分析了生产资料所有制改造基本完成后的国内形势和国内主要矛盾的变化；在此基础上，提出了党今后全面开展社会主义建设的根本任务，在社会经济、政治、文化建设等方面制定了一系列方针政策；提出了在全国执政情况下加强党的建设的主要方针。

八大制定的路线是正确的，提出的许多新方针和设想是富于创造精神的。这次会议对我国自己的建设社会主义道路的探索，取得了初步的并且具有深远历史意义的成果，为社会主义事业的发展和党的建设指明了方向。八大期间，毛泽东曾表示：这次大会反映了人民的希望。中国那么一块大地方，资源那么丰富，又搞了社会主义，如果不能赶超发达资本主义国家，就要从地球上开除你的球籍。要使中国变成富强的国家，需要50年到100年的时光。15年建立一个基本上完整的工业体系，50年到100年建成一个富强的社会主义工业化国家。这就是八大为全国人民展示的社会主义发展的宏伟蓝图。

八大对今天的启示：基本路线百年不变

八大之后的一段时间里，党沿着正确方向继续探索。按照大会确定的方针，1956年底至1957年初，毛泽东、刘少奇等对三大改造后一些地方出现的“地下工厂”表示了肯定的意见；按照“三个主体、三个补充”的方针调整经济关系；在农村中纠正过分强调集体利益和集体经营而忽视社员个人利益、个人自由和家庭副业的偏向。毛泽东在1957年2月提出的正确处理人民内部矛盾的重要思想，在理论上和实践上都大大发展了马克思主义，带有鲜明的中国特色，是八大路线的发展和延续。

但是，由于社会主义实践的时间还很短，党还缺乏必要的经验积累和足够的思想理论准备，对在中国这样一个落后大国进行建设的复杂性、艰巨性估计不足，后来又遇到一些未曾料到的复杂情况，八大路线未能在实践中完全坚持下去，在发展的道路上未能避免大的曲折。从1957年反右派运动扩大化起，距离八大不到一年时间里，八大所郑重确立的许多重要原则、方针相继被修正和改变：阶级斗争重新被认定是社会主义社会的主要矛盾；既反保守又反冒进的建设方针受到严厉指责；农业合作社中一些适合当时农村生产力水平的有益探索受到严厉批判；重新放开一点私营经济的新设想被弃置；知识分子重新被戴上资产阶级的帽子；个人崇拜又受到赞赏，党内民主被家长制、一言堂取代，生动活泼的政治局面成为明日黄花；“长期共存、互相监督”形同虚设，“百花齐放、百家争鸣”变成“两家争鸣”；民主法制建设成为一纸空文……“从1957年下半年开始，实际上违背了八大的路线，这一‘左’，直到1976年，时间之长差不多整整20年”。

直到1978年，党的十一届三中全会才开始全面认真纠正“文化大革命”及其以前的“左”的错误，坚决批判了“两个凡是”的错误方针，充分肯定了必须完整、准确地掌握毛泽东思想的科学体系，确定了解放思想、开动脑筋、实事求是、团结一致向前看的指导方针，果断停止使用“以阶级斗争为纲”的口号，作出了把党和国家工作中心转移到经济建设上来、实行改革开放的历史性决策。这次全会实现了新中国成立以来伟大的历史性转折，开启了我国改革开放历史新时期。

1987年10月召开的党的十三大，在科学总结十一届三中全会以来取得的历史性成就的基础上，开创性地系统阐述了我国社会主义初级阶段理论，明确概括了党在社会主义初级阶段的基本路线，进一步明确了改革开放以来所形成的建设有中国特色的社会主义道路，制定了加快建设和深化改革的蓝图。邓小平曾高度评价说：十三大报告是一个很好的报告，解答了一系列根本性问题，使十一届三中全会以来制定的一系列方针、政策能够持久地延续下去。可以说，在党的历史上，十三大与八大的历史贡献、意义有许多相似的地方。但对十三大来说，也还存在一个问题，即正确的路线能否坚持下去，会不会出现八大后那样的反复。这点邓小平也预见到了："也还有风险，不会一帆风顺的。但我们必须走改革这条路，有问题要及时妥善解决，不能停滞，停滞是没有出路的。"

十三大后，中国的改革在进一步深入发展的同时，也遇到了一些在改革中难以避免的曲折。1989年，在国内外各种因素的作用下，我国发生了八九风波。风波之后的一段时间里，由于未能正确地总结经验教训，改革趋于停滞，对十三大的质疑之声渐起，市场导向被指责为资本主义，改革被认为是"和平演变"，中国的经济也因此陷入困境。此时，人民大众忧虑彷徨、忧心忡忡。中国会不会重演八大之后的"大转弯"？全国乃至全世界都在屏气敛声地注视着。

1992年年初，在党和国家发展的重要关头，邓小平在视察南方途中，就坚定不移地贯彻执行党的基本路线、坚持走有中国特色的社会主义道路、加快改革开放的步伐、集中精力把经济建设搞上去等一系列重大问题，发表了极为重要的谈话，明确回答了改革开放以来经常困扰和束缚人们思想的许多重大问题。他指出："要坚持党的十一届三中全会以来的路线、方针、政策，关键是坚持'一个中心、两个基本点'。不坚持社会主义，不改革开放，不发展经济，不改善人民生活，只能是死路一条。基本路线要管一百年，动摇不得。只有坚持这条路线，人民才会相信你，拥护你。谁要改变三中全会以来的路线、方针、政策，老百姓不答应，谁就会被打倒。""说过去说过来，就是一句话，坚持这个路线、方针、政策不变。""有了这一条，中国就大有希望。"根据邓小平南方谈话的精神，党中央立即作出一系列部署，中国大地上随即迅速掀起了加快改革和发展的新一轮热潮。

1957年与1992年、八大与十三大的结果如此迥异不是偶然的。除了邓小平个人的政治智慧和政治权威，除了中国改革大势难以逆转等因素外，党在八大后探索中国建设社会主义道路中所积累的经验教训的作用也是不容忽视的。

面对20世纪90年代初国内外的形势和党的任务，邓小平在深广思索中自然而然地想到了党的八大及其之后的曲折。他是这一段历史的亲历者，也是这一段历史的科学总结者。对他来说，这段历史已不仅仅是一种书本上得来的知识，而是一种刻骨铭心的亲身经历，由此形成的认识是他指导改革的重要思想资源和独特优势。这种经历使他时时高度警惕改革偏离经济建设中心的危险。他反复告诫全党："围绕这个中心，决不能干扰它，冲击它。过去20多年，我们在这方面的教训太沉痛了。"又说，近30年来，经过几次波折，始终没有把我们的工作重点转到社会主义建设这方面来。"现在要横下心来，除了爆发大规模战争外，就要始终如一地、贯彻始终地搞这件事，一切围绕着这件事，不受任何干扰。我们全党全民要把这个雄心壮志牢固地树立起来，扭着不放，'顽固'一点，毫不动摇。"当他在南方谈话中斩钉截铁地强调十三大报告"一个字都不能动"，"十三大制定的路线不能改变，谁改谁垮台"时，几乎可以肯定的是，此时他想到的一定是要避免1957年对八大的逆转。历史经验就是这样在关键时刻指导着改革，发挥着巨大的现实作用。

什么叫"通古今之变"？什么叫历史经验、历史智慧？什么叫以史鉴今？什么叫资政育人？重温党的八大及其之后中国的历史巨变，会有一番新的感受。在未来中国的改革中，八大及其历史命运总能给我们许多重要的历史启示。

（节录自《党史纵览》2012年第10期）

中共八大的筹备及大会日志 /杨瑞广

1955年

3月31日　毛泽东在中国共产党全国代表会议作结论讲话时宣布：中央决定，1956年下半年召开八次大会，有三个议程：(1)中央委员会的工作报告；(2)修改党章；(3)选举新的中央委员会。他提出：1956年7月以前完成代表的选举及文件的准备工作。号召全党为胜利地召开党的第八次全国代表大会而斗争。

4月21日　邓小平将草拟的八大政治报告起草委员会、修改党章和修改党章报告起草委员会名单呈报毛泽东。毛泽东即批示，提交政治局会议讨论。5月12日，中央政治局会议通过了上述两个名单。政治报告起草委员会由刘少奇、陈云、邓小平、王稼祥、胡乔木、陈伯达、陆定一七人组成；修改党章及修改党章报告起草委员会由邓小平、杨尚昆、安子文、刘澜涛、宋任穷、李雪峰、胡乔木、马明方、谭震林九人组成（这九位同志实际上是党中央的正副秘书长，因此档案中有时把这个委员会的名称也称秘书长会议；有时则称修改党章小组会议）。

9月18日　在七届六中全会召开之前，邓小平将《关于召开党的第八次全国代表大会决议草案的说明》报请毛泽东审改。当日，毛泽东阅后写了如下批语："恩来同志阅，退小平办。我认为可以照这样去讲，只改了几个字。"

10月4日　邓小平在党的七届

六中全会全体会议上作关于召开党的八大决议草案的说明。他着重对党的八大未能早日召开的原因、八大的主要议程、代表的选举及召开的时间等作了解释。11日，七届六中全会通过关于在1956年下半年召开党的第八次全国代表大会的决议。

10月20日　《中国共产党章程（初稿）》，即党章第一次修改稿完成。此稿共分十章78条，只有条文部分，党纲部分注明“暂缺”。当日，邓小平批示给杨尚昆：此件请印十余份分发下列同志：政治局委员、起草小组：谭震林、李雪峰、刘澜涛、马明方、安子文、胡乔木。并批：印后送我三份，原稿退我。

12月5日　刘少奇在各省、市委，自治区党委负责人座谈会上，传达毛泽东关于准备召开八大的指示：八大的中心思想是反对右倾思想，反对保守主义，提早完成我国的社会主义工业化和社会主义改造，要保证15年完成，同时争取15年以前超额完成。刘少奇提出：全党要准备八大，迎接八大，使八大开好，使八大的准备工作和各地方各部门工作结合起来；为起草中央向大会的报告，中央准备找各部门的同志谈话，请各部门同志注意。

12月7日—31日　刘少奇分别听取薄一波和城市建设总局、一机部、二机部、三机部、农村工作部，煤炭工业部、电力工业部、地质部、石油工业部、建筑工程部、重工业部、计委、地方工业部、纺织工业部、轻工业部、手工业管理局、财政部长负责人的汇报。

12月中旬　陈伯达写完政治报告引言和第一章的草稿。15日，由刘少奇签发，送毛泽东、周恩来、朱德等审改。

1956年

1月2日—4月1日　刘少奇又听取粮食部、商业部、全国供销合作总社、外贸部、农产采购部、劳动部、全国总工会、铁道部、交通部、民航局、教育部、卫生部、文化部、体委及农村工作部负责人的汇报。

2月6日　邓小平即将赴莫斯科参加14日至25日举行的苏共二十大

前夕，于上午9时至11时，在西楼会议室召开修改党章小组委员会会议，讨论关于起草修改党章报告问题。

3月23日　邓小平主持中央秘书长会议，讨论八大代表选举等问题。

4月2日　上午9时至12时15分，邓小平主持召开修改党章委员会会议，讨论《中国共产党章程（初稿）》。

4月10日　在吸收了政治局委员和修改党章委员会提出的修改意见之后，党章第二次修改稿于本日由中央办公厅印发。此次修改稿补写了总纲部分。

4月13日　邓小平主持召开修改党章委员会会议，讨论修改党章问题。

4月20日　9时至12时10分，邓小平主持召开修改党章委员会会议，讨论修改党章。

4月22日　15时至19时55分，毛泽东主持召开中央政治局会议，讨论修改党章，刘少奇、周恩来、彭真、彭德怀、康生、张闻天、董必武、邓小平及谭震林、李雪峰、宋任穷、胡乔木、马明方、安子文、杨尚昆等同志出席会议。

4月24日　9时至12时25分，邓小平在中南海西楼会议室召开中央秘书长会议，讨论八大代表名单。

4月25日至28日　修改党章委员会每天上午9时至12时，连续开会，讨论修改党章。

4月28日　毛泽东在各省、市、自治区党委书记会议闭幕式上讲话时，特别讲了修改党章问题。他说：党章草案已经发给省、市、自治区党委进行讨论，征求修改意见。他提出，新党章应充分体现纪律性和创造性，体现群众路线。他解释说：党没有纪律是不行的，但是纪律太死了，就妨碍创造性，而妨碍创造性的纪律是不好的，是应该不要的。他还具体地提出：究竟是设一个副主席还是设几个副主席，也请大家讨论；另外，是否可仿照人民代表大会的办法，设常任代表，一年开一次代表大会，五年一任。也请大家讨论。

4月29日　上午9时至12时30分，邓小平在中南海勤政殿向各省、市、自治区党委书记介绍修改党章和苏共二十大的情况。

△ 22时至翌日1时，毛泽东召集中央政治局会议，讨论党的八大代表问题，刘少奇、彭真、彭德怀、董必武、康生、张闻天、邓小平及谭震林、安子文等出席。

5月3日至5日　邓小平连续主持修改党章委员会会议，讨论修改党章。

5月10日　为准备召开八大，刘少奇召集在京中央委员和候补中央委员、中央副秘书长、中央监委常委共42人，开会讨论34名高级干部的历史和使用问题。

5月11日、12日　邓小平主持中央秘书长会议，讨论中央一级机关的八大代表候选人问题。

5月12日　下午，邓小平在怀仁堂召开有关中央机关单位负责人会议，讲关于八大代表候选人问题。

5月14日　上午9时至下午1时30分，邓小平在西楼会议室召开修改党章委员会会议，讨论修改党章。

5月18日　上午9时至12时45分，邓小平召开中央秘书长会议，讨论中央一级机关八大代表候选人问题。

5月19日　上午9时至11时15分，邓小平在西楼会议室召开修改党章委员会会议，讨论党章的总纲部分。

5月19日、21日、22日　刘少奇主持中央政治局会议，讨论党章草案。

△ 下午15时至19时10分，刘少奇主持中央政治局会议，讨论中央一级机关八大代表候选人问题。

5月末　邓小平代拟的中共中央《关于讨论党章修改稿的通知》下发给各省、市、自治区党委。《通知》说："在党章修改稿中，请你们特别注意：（一）草稿中规定全国代表大会和地方各级代表大会采用常任制度，并且规定各级代表大会每年开会一次，这是一个重大的改变，请你们考虑这种制度是否妥当。（二）第三章第九条中关于中央机构问题，曾考虑到两种形式。一种是保持原来性质的书记处，设一个副主席；一种是不设原来的书记处，增设几个副主席，并且设立另外性质的书记处或者其他名义的组织，请你们考虑哪一种形式较好。以上两点，也请你们将讨论意见报告中央。”

6月14日　上午9时至12时10分，邓小平在西楼会议室召开中央秘书长会议，讨论召开党的七届七中全会、八大和起草修改党章报告等问题。

6月23日　上午9时至12时40分，邓小平在西楼会议室召开中央秘书长会议，讨论八大准备工作。

6月24日　16时30分至19时5分，毛泽东在颐年堂召开中央政治局（扩大）会议，谈召开八大、一届全国人大三次会议等问题。刘少奇、周恩来、朱德、陈云、彭真、彭德怀、董必武、林伯渠、康生、张闻天、邓小平、陆定一、贺龙、陈毅、王稼祥、薄一波、聂荣臻、张玺、罗荣桓、邓子恢、李先念、黄克诚、谭政、罗瑞卿、陈伯达、李维汉、胡乔木、杨尚昆等出席。

7月1日　邓小平阅批中联部拟写的《关于成立接待参加我党八大的兄弟党代表团机构问题的通知》。《通知》说：中央决定以中联部为基础，成立一个兄弟党代表团的招待委员会，指定王稼祥、廖承志、杨尚昆、刘宁一、李楚离、赵毅敏等17人为委员会委员，王稼祥为主任、刘宁一为副主任兼秘书长。

7月2日　15时至17时50分，邓小平在西楼会议室召开中央秘书长会议，商谈中央领导人去北戴河开会的工作安排问题。

7月初　政治报告第一稿（初草）写成，题名《为实现过渡时期的总任务而斗争》。

7月6日　23时50分至翌日2时10分，毛泽东在颐年堂召集党的八大政治报告起草委员会开会，刘少奇、彭真、邓小平、陆定一、王稼祥、陈伯达、胡乔木出席会议。7月7日20时45分、8日和9日、12日、14日晚，会议续开，商谈八大政治报告起草问题。

7月15日　22时至翌日零时40分，毛泽东召开中央政治局（扩大）会议，讨论八大政治报告起草问题，刘少奇、周恩来、陈云、彭真、彭德怀、邓小平、陈毅、陆定一、王稼祥、陈伯达、薄一波、贾拓夫、李维汉、许涤新、胡绳等出席。19日21时至翌日零时40分续开。

7月23日　毛泽东、刘少奇、周恩来、邓小平等离京赴北戴河办公。

△胡乔木起草完《关于修改党章的报告（初草）》。此稿内容只限于党纲部分的说明。

7月25日、26日　上午和下午，邓小平在北戴河西浴场召开八大修改党章及修改党章报告起草委员会，商谈两个文件的起草事宜。

7月27日　下午，毛泽东在北戴河东浴场召开八大政治报告起草委员会会议，刘少奇、彭真、邓小平等八人到会。

7月28日　上午，邓小平召开修改党章及修改党章报告起草委员会会议，谈两个文件的起草问题。29日、31日续开。

7月30日　15时20分至16时57分，毛泽东在东浴场召开中央政治局会议，刘少奇、周恩来、朱德、彭真、彭德怀、董必武、林伯渠、邓小平、康生到会。会议决定成立一个专门委员会，负责讨论落实中央领导机构设置方案和研究八大选举问题。陈云为第一召集人，邓小平为第二召集人。其余成员有：彭真、彭德怀、董必武、邓子恢、刘伯承、贺龙、陈毅、罗荣桓、徐向前、聂荣臻、叶剑英、李先念、谭震林、黄克诚、谭政、刘澜涛、林枫、乌兰夫。

7月31日　邓小平为中央起草给王明的信，通知他党的八大已经定于1956年9月15日召开，王明将作为北京市选出的代表，如果健康条件许可，中央盼能出席这次大会，希望得到答复。

8月1日　8时半至10时10分，邓小平在西浴场主持开会，研究筹备八大的事宜。

△18时半至19时10分，毛泽东约邓小平谈党章修改问题。

8月5日　邓小平将专门委员会讨论设想的中央领导机构设置方案，即党章的第三十七条草案，报请毛泽东、刘少奇、周恩来、朱德核阅。

△毛泽东在阅改邓小平报送的党章第三十七条草案时，在"副主席若干人"后面，加写了"和总书记一人"。

△晚21时至23时55分，毛泽东在东浴场召开中央政治局（扩大）会议，讨论专门委员会的报告，刘少奇、周恩来、朱德、彭真、彭德怀、董必武、康生、张闻天、邓小平、陆定一、陈伯达、王稼祥、胡绳到会。会后，毛泽东又与周恩来、邓小平谈至翌日1时。

8月6日　邓小平为中央拟写给正在苏联访问的李富春的电报，请李富春去看望王明，告诉王明八大的会期（9月15日开幕，9月1日起开预备会议），问他身体状况及可否参加八大；如果他因健康关系不能出席八大，请问他可否对大会提出书面意见。9月8日，王明复电刘少奇并转中央和毛泽东，内称："至今身体病况似不许可我看回国参加八大学习的可能，乃不得不以深沉的愧歉心情向中央和八大主席团专电请假"。

8月上旬　毛泽东对中办机要室8月8日印发的八大政治报告初稿进行了一些修改。其中在初稿第110页上讲中国共产党特别需要各民主党派的监督一段文字的旁边写道："首先是阶级的监督，群众的监督，人民团体的监督。"

8月10日　20时30分至23时零9分，毛泽东召开中央政治局扩大会议，讨论八大政治报告（初稿）。

8月11日　毛泽东于19时1刻约林彪谈话，21时10分结束。随后于21时30分又约刘少奇、邓小平、陆定一、陈伯达、李维汉、胡乔木、胡绳谈八大政治报告起草问题。

△刘少奇召集陈云、彭真、邓小平、陆定一、王稼祥、李维汉、杨尚昆、胡乔木、胡绳、田家英、邓力群谈八大政治报告草稿的修改问题。

△胡乔木完成了修改党章报告的后半部分的草稿。邓小平于翌日批示中央办公厅连同前半部分印成《关于修改党章的报告（初草）》（1956年8月12日）。

8月15日　邓小平代中央拟写的给各省、市、自治区党委、西藏工委和中央机关党委、中央国家机关党委、人民解放军总政治部的关于党的八大问题的通知发出。《通知》说：（一）八次大会定于9月15日开幕。（二）现决定9月1日到9月14日，举行八大的预备会议。（三）请你们通知各代表务于8月31日以前到达北京，向中央办公厅报到。（四）中央决定各地区和各单位所选出的候补代表，一律列席八次大会，请通知他们同时到达北京。

8月20日　毛泽东、刘少奇、周恩来、朱德、邓小平等回到北京。

8月中旬　毛泽东对刘少奇于1956年8月14日送给他的政治报告修改稿中"党的领导"部分所作的修改中加写："资产阶级和小资产阶级残余思想消灭以后，社会中的生产力与生产关系的矛盾，人们的主观与客观世界的矛盾，是永远存在的，这又是人们永远都有犯错误的可能性的原因。"

8月21日　9时至12时30分，邓小平在西楼会议室召开中央秘书长会议，商谈召开七届七中全会的有关问题。

△ 毛泽东对有刘少奇21日写的"今日12时前印好"的政治报告修改稿进行审阅，着重对其中的"国内和国际形势"和"党在过渡时期的总路线"两部分作了13处修改。

△ 晚，毛泽东召集刘少奇、周恩来、陈云、邓小平开会，讨论中共八大主席团名单草案，七届七中全会决议草案、八届中委选举工作建议草案、八大代表资格审查委员会名单草案、八大议程草案及八大预备会议工作安排等。

8月22日　17时，中共七届七中全会在中南海勤政殿开幕。毛泽东等103名正式和候补中央委员到会。邓小平对提到大会的六个文件，即八大议程（草案）、八大会议规则（草案）、七届七中委员会全体会议关于第八届中央委员会选举工作的建议（草案）、八大各代表团正副团长名单（草案）、八大代表资格审查委员会名单（草案）等作了说明。毛泽东在邓小平讲话中多次插话。关于选举中央委员问题，毛泽东说：这次选举中委，"三八"式的一般不选。"三八"式的的确有大批优秀干部，但牵连太多，我们现在的方针是说服他们，让他们等几年，这样他们更成熟，更负众望。现在还是让"三八"式以前的什么式的掌一下中央委员会的权。中委人数是150名至170名。关于八大政治报告，毛泽东认为，现在的报告稿子九万字，能够缩减三分之一就好。大家首先对大势提一些意见，看大局部分是完全要不得，还是勉勉强强，还是大体可以，还是有些要修改？政治局准备公推少奇同志作政治报告。当邓小平讲到大会发言时，毛泽东插话：发言要小稿子，很经济，比较生动。对工作要有批评，要有自我批评，要有分析。如果我们开一次会议没有批评，净讲一套歌功颂德，那就没有生气，那无非只有一个"好"字好就行了，这要多讲干什么？一定要批评什么东西。如果没有批评，根本就不许讲，那也不好。在讲到八大会议的重点时，毛泽东说：重点是两个，一个是社会主义改造，一个是经济建设。这两个重点中，主要的还是建设。刘少奇在讲话中说：向全会提出的这个政治报告草稿是个毛稿，没有搞好，九万字很长。长了，要加以缩减，刚才毛主席讲，至少要缩减三万字，我看很有必要。

△ 邓小平在西楼会议室开会，讨论八大的发言及部分代表团正副团长名单。

8月24日　毛泽东对八大政治报告稿的"关于人民民主专政和人民民主统一战线问题"部分作比较集中的修改。修改后致刘少奇：此件已经看了一遍，改得很好。我又作了一些小的修改，请酌定。觉得文中还有一些重复拖累的地方，还可以删节一些，可待下月上旬去做。

8月27日　15时至18时30分，邓小平召开修改党章及修改党章报告委员会会议，讨论修改党章报告初稿。同日，邓小平嘱杨尚昆于当晚将修改党章报告初稿送毛泽东审阅，毛泽东连夜将送审稿进行了审改，在稿子的首页上写下如下意见："此件看了一遍，觉得大体可用。作了些小的修改，请你酌定。第23页批了一点修改的意见，请考虑。许多句子太长，不好读。我在第23页的一段中试增了一些标点。"

8月29日　毛泽东阅改了政治报告送审稿的"关于民族问题""共产党"和"国际支援"三部分后，致刘少奇："这一部分改得很好，字数不多，清爽好看。前一部分盼能迅速加以修改。今晚十时左右准〈备〉开书记处会议谈一些事。"

△ 22时至翌日零时25分，毛泽东召开中央书记处、八大报告起草委员会和八大各代表团团长会议，讨论有关八大报告及在30日召开八大预备会议等问题。

8月30日　20时25分，八大预备会第一次会议在怀仁堂举行，毛泽东等946名正式和候补代表出席会议。毛泽东作了《增强党的团结，继承党的传统》为题的讲话，对八大会议的宗旨和目的作了阐述。他说：团结全党，团结国内外一切可以团结的力量，为建设伟大的社会主义中国而奋斗。并强调：马克思主义的普通真理一定要与中国革命实践相结合，如果不结合那就不行。他号召：大会要继续发扬党在思想上和作风上的优良传统，彻底清除主观主义、宗派主义；此外还要反对官僚主义。邓小平向代表们介绍七届七中全会前几天决定的有关召开八大的一些文件和事项，提交预备会讨论。预备会于9月13日结束。期间，八大代表们对中央委员会准备向八大提交的各项报告和文件，进行了详细的讨论，并提出修改意见；同时，对八届中央委员会的选举工作，也作了充分酝酿和准备。

△ 毛泽东阅审刘少奇本日提交的政治报告第三次修改稿的各部分编排顺序稿后，致刘少奇：可以这样编排，将来再考虑是否变动。另外提出："在国防问题上可以讲几句人民解放军的英勇奋斗的鼓励话。"

△ 毛泽东对彭德怀在八大的发言稿作了修改之后，致函彭："看了一遍，觉得可用。作了一点小的增减修改，请斟酌。"

8月31日　毛泽东在分别约见了林彪、徐海东之后，召开中央书记处、八大报告起草委员会和各代表团团长会议，刘少奇、周恩来、陈云、邓小平、彭真、陈毅等17人到会。随后又同刘少奇、周恩来、陈云、彭真、邓小平、王稼祥六人商谈八大筹备工作的有关事宜。

△ 毛泽东对政治报告稿的“社会主义改造”和“社会主义建设”部分审阅后，于3时写了如下批语：“伯达同志阅后，即送少奇同志：此部分改得很好，可以作为定稿了。我只作了些小的修改，请酌定。请伯达即行着手对‘国家的政治生活中的若干问题’进行修改，在九月五日以前改好，打清样于九月五日晚上送阅为盼！”5时又批示：“即退胡乔木同志阅后，即送少奇同志阅。此件修改得很好。我只作了一些文字上的修改。第七页上有一个问题，请乔木注意。”6时，毛泽东再批示：“乔木同志：请你利用今天上午的时间，将报告的头几部分——导言，国际形势和国内形势，总路线，过细修改一下，缩小到8000字左右就好。改好后，即送少奇同志汇总看过，送我一看，以便下午或晚上会谈时和其他部分编辑付印。”

△ 周恩来与国务院副总理和各办公室主任座谈《关于发展国民经济的第二个五年计划的建议的报告（草稿）》。

9月5日　20时30分至翌日零时20分，毛泽东在颐年堂召开中央书记处会议，刘少奇、周恩来、陈云、彭真、邓小平到会。会上讨论各代表团提出的八届中委候选人名单。

9月6日　9时至12时40分，陈云主持中央政治局扩大会议，讨论各代表团提出的八届中委候选人名单。下午15时30分至18时30分续会。7日19时至22时15分续会。

△ 2时，毛泽东阅审政治报告稿。“社会主义建设”部分后写下批语：“即送乔木同志：建设部分，除商业外，又看了一遍，用铅〈笔〉作了一些修改。请你将商业部分改好，于今天下午送我一阅，再送少奇同志。”7时，又写了批语：“伯达同志：周总理及洛甫同志今日开

始修改政治报告，请你与总理联系，或即与总理处合并举行。”

△周恩来和张闻天（洛甫）、陈伯达、章汉夫、乔冠华一起，商谈对政治报告稿中目前形势部分的修改。

9月7日　6时，毛泽东致周恩来：“政治报告头几部分修改了以后，请你继续修改社会主义改造和社会主义建设两部分。这几部分今天一定要修改完毕，今晚一定要交付翻译，否则就来不及了。修改时请与伯达联系。”同时，毛泽东又致胡乔木：“国家问题这一部分，也许你可以在一天内修改好，困难问题不很多。但对肃反问题写得太简单，没有提党对反革命分子的严肃与宽大相结合的处理政策，请加注意。不知15页上还有这个问题的话没有？”

△7时，毛泽东致陈伯达：“‘改造’、‘建设’两部分乔木改稿，我看可用，不须大改，但小改是必要的。务请你们在今日加班加点，请于今日晚上十二时以前全部改好，交我看过，再送刘少奇看过打样，于明日上午交付翻译。我们请总理同时修改，请你与他联系，于晚上九时以前索取他的改样，由你酌量采取。头三部分（指‘序言’、‘国际形势和国内形势’、‘党在过渡时期的总路线’三部分——作者注）今日也要争取改好，我已〈告〉总理注意，改好后交你。”

△10时，毛泽东致周恩来：“政治报告的头三部分，请你主持，于今日改好。形势部分，可以大修或重写。但请于今晚十时前，交伯达看一下，然后交我。‘改造’、‘建设’两部分请你与富春一道修改，请需于今日修好，于晚上9时交伯达汇总。以上各部分我和少奇看一下以后，必需于八日上午交付翻译。你担任的建议和报告两件［指《中国共产党第八次全国代表大会关于发展国民经济的第二个五年计划(1958—1962)的建议》和《关于发展国民经济的第二个五年计划的建议的报告》——作者注］，亦须九日交付翻译，请将最后修改于八日交我看一下。”

△10时，毛泽东再致胡乔木：

"'国家'部分内容贫弱，和'改造'、'建设'、'党'各部分量不相称，似需大改。请你将一、二次稿看一下，好好想一下，再行动手。如今日不能完稿，可于明日完毕。如你需要，可找彭真、瑞卿谈一下。"

△周恩来根据毛泽东的要求，修改政治报告社会主义改造和社会主义建设两部分，除对一些数字进行核准外，在第二个五年计划的基本任务中增写："应当努力培养建设人才，加强科学研究工作。"

△15时至16时，董必武主持八大代表资格审查委员会会议，讨论关于代表资格审查报告（草稿）等文件。

△23时至翌日1时30分，毛泽东在颐年堂召开中央书记处会议，讨论八届中委候选人名单及八大政治报告修改等问题。刘少奇、周恩来、陈云、彭真、邓小平到会。

9月8日　8时，毛泽东致陈伯达："今日你和其他同志可以休息一天。请你将我准备的那一段话（指毛泽东在八大的开幕词——作者注），加以修改，并请饬你的秘书给我抄正一张，于下午交我为盼！"

△9时，毛泽东致刘少奇："恩来的改本送上，我看改处均可用。如你同意，请饬人将改处准确地抄在一个本子上，和你我改的合在一起，立即付印，付翻译。"

△15时至18时30分，由陈云主持，召开中央委员、候补中央委员和八大各代表团正副团长会议，讨论八届中央委员候选人名单。

△20时30分至21时35分，毛泽东主持七届七中全会第二次会议。

9月9日　8时，毛泽东致杨尚昆："少奇同志修改处请交翻译注意照改。改印，暂可等一下，待各同〈志〉修改意见上来，汇总修改，并经少奇和我看过后，再行付印。"

△16时至18时55分，毛泽东在颐年堂邀请民主党派负责人和民主人士谈八大问题。出席的有宋庆龄、李济深、沈钧儒、黄炎培、郭沫若、章伯钧、陈叔通、傅作义、李德全、马叙伦、章乃器、张奚若、何香凝、许德珩、张治中、蔡廷锴、罗隆基、施复亮、胡子昂、王绍鏊、黄琪翔、陈其尤、谢雪红、马寅初、

沈雁冰、龙云、高崇民、程潜等。周恩来、朱德、陈云、彭真、邓小平、李维汉参加了会议。

9月10日　5时，毛泽东致陈伯达："国家生活部分，读改时，请邀彭真、罗瑞卿、董老（即董必武——作者注）三同志参加，今日改毕，照前抄三份，分送刘〈少奇〉、周〈恩来〉及我。"

△ 10时至13时30分，邓小平召开修改党章和关于修改党章报告委员会会议，讨论两个文件。

△ 16时40分至17时50分，在怀仁堂召开中央政治局扩大会议，毛泽东谈八大中央委员候选人问题。刘少奇、周恩来、朱德、陈云、彭真、彭德怀、康生、林伯渠、董必武、张闻天、邓小平、林彪、薄一波、林枫、陈毅、李先念、刘伯承、习仲勋、宋任穷等到会。

△ 17时50分至19时50分，八大预备会议第二次全体会议在怀仁堂举行，到会972人。在陈云介绍了中央委员候选人名单的酝酿情况之后，毛泽东讲话。他在回顾了党的历史经验后说：我们现在是搞建设，搞建设对于我们是比较新的事情。我们要靠第二个五年计划和第三个五年计划来学会更多的东西。我们要造就知识分子。我们要在三个五年计划之内造就100万到150万高级知识分子，以适应社会主义建设的需要。他希望在不久的将来，中央委员会里有许多工程师和科学家。最后他对候选人名单中的一些问题作了解释。

△ 22时，毛泽东对党章和修改党章的报告又作了推敲之后，写了批语："退小平同志两件，改处看过，同意这些修改。我只在第三条觉得应添三个字，请酌定。"

9月11日　4时半，毛泽东致刘少奇："你和周总理的修改，都看了，都同意。我也改了一些，请看是否可以。如你同意这些修改，请令人将三个本子的修改处抄在一个本子上，并立即打清样，付翻译。总理改本，用后请送伯达，因为里面有批语处，需请伯达再修改的。"

△ 20时至21时，由陈毅主持在西楼会议室召开八大各代表团正副团长会议。

9月12日　2时半，毛泽东对政治报告稿作了一些修改后致函刘少奇："同意你的修改。我又修改了一些，另有两处是和乔木、伯达商量修改的，请酌定。周总理今晚没有时间看此件，他在改他自己的报告。因此，请即将这一部分的两个改本合在一处，立即付印，付翻译。同时印发全体代表，请他们提意见，于九月十三日下午交中央。"

△ 邓小平审批了八大会议规则。《规则》规定：(一) 大会会议每日下午2时开会，7时休会。(二) 大会发言先向主席团报名，发言时间一般不超过20分钟，但是个别的发言时间，在得到执行主席的同意之后，可以超过20分钟。(三) 通过大会决议的时候，用举手方式，分赞成的和反对两次表决。(四) 选举中央委员会的时候，采用无记名投票方式。

△ 八大各代表团对八届中央委员进行第一次预选。

△ 22时30分至翌日1时10分，在颐年堂召开中央政治局扩大会议，讨论八大的有关事项，并决定次日9时召开七届七中全会第三次全体会议。毛泽东、刘少奇、周恩来、陈云、彭真、康生、董必武、张闻天、邓小平、薄一波、陈毅、林枫、李先念、宋任穷、刘伯承、李富春、王稼祥、习仲勋到会。

9月13日　7时30分，毛泽东阅改了刘少奇修改的政治报告稿之后致函刘："这些修改都很好，可以即刻付印，付翻译。只是'国际关系'第六页，'以不同的方式'（有的是在经济上，有的是在政治上）这一些新增的字，可以不要，以求与周总理报告一致。这原〈是〉我提议的，现觉应该取消。请酌定。"

△ 中共七届七中全会举行第三次全体会议。毛泽东主持会议并就中央设置几位副主席和总书记等问题发表讲话。他说：党章上准备修改，叫作"设副主席若干人"。首先倡议设四位副主席的是少奇同志。另外还准备设一个书记处。四位副主席，就是少奇同志、恩来同志、朱德同志、陈云同志。书记处名单还没有定，但总书记准备推举邓小平同志。当然，四位副主席和总书记的人选是否恰

当，这是中央委员会的责任。一个主席，又有四个副主席，还有一个总书记，我这个"防风林"就有几道。"天有不测风云，人有旦夕祸福"，这样就比较好办。这对于我们这样的大党，这样的大国，为了国家的安全，党的安全，恐怕还是多几个人好。又说：我是准备了的，就是到适当的时候就不当主席了，请求同志们委我一个名誉主席。名誉主席是不是不干事呢？照样干事，只要能够干的都干。邓小平就大会的发言提出了要求。他说：大会的文件基本上搞好了，这是大家参加的，是集体创作。大会发言要精炼、生动、多样性，还要短。

9月14日　2时，毛泽东对政治报告稿的国际部分和党的部分又作了修改后致刘少奇："（一）国际部分的一段增加和其他一些文字修改，请即令人抄正翻译，并另打清样。（二）党的部分，本日十二时前伯达等修改，已要他们直接付翻译。""你在其余地方有修改，请直付翻译，并打清样，不要送我看了。"

△6时，毛泽东又致陈伯达、胡乔木、田家英："（一）'党的领导'部分，看了一遍，可用，估计不会有太多的修改了。但是一定还会有一些修改。我们都要睡觉。你们在上午十二时以前改好后，直接交尚昆付翻译和付印。我们起床后再看改样好了。（二）开幕词又作了一些修改，已去打清样送你们，请再斟酌，于下午交我为盼。"同时又致杨尚昆，指示他把政治报告中"党的领导"部分，即交帮助翻译的外国同志去作翻译，不要等候修改。并嘱："总理报告的翻译工作，亦请抓紧。"

△毛泽东、刘少奇、周恩来、朱德、陈云等，设酒会欢迎应邀参加八大的苏联等46个国家的共产党和工人党的代表。

9月15日　14时，中国共产党第八次全国代表大会在中国人民政治协商会议礼堂开幕。到会代表有1021人（共有代表1026人）。首先由毛泽东致开幕词。接着，大会通过了中央委员会提出的大会主席团、大会秘书处和代表资格审查委员会名单，并通过了大会会议日程和会议规则。随后，大会听取了刘少奇代表中央委员会所作的政治报告。

△ 19时50分，大会主席团举行会议，选出毛泽东、刘少奇、周恩来、朱德、邓小平、康生、彭真、董必武、林伯渠、张闻天、彭德怀、林彪等13人组成大会主席团常务委员会。

9月16日　14时，八大继续开会，由邓小平作《关于修改党的章程的报告》，周恩来作《关于发展国民经济的第二个五年计划的建议的报告》。大会前，13时至13时30分，董必武主持八大代表资格审查委员会开会，讨论代表资格审查委员会向大会的报告。

△ 19时40分至20时24分，毛泽东召集大会主席团常委开会。20时25分，邓小平主持大会秘书处会议，商谈17日大会发言的安排。

9月17日　14时，八大继续开会，由董必武代表八大代表资格审查委员会作关于代表资格的审查报告。大会一致通过了董必武的报告。随后，大会进行发言（首先发言的是朱德）。接着，李济深等代表各民主党派向大会献礼品。大会休息后，继续进行大会发言和苏共等党的代表向大会致词。大会在19时休会。晚上，大会主席团和秘书处分别开会，研究大会发言等问题。

9月18日　14时，大会继续开会，听取彭德怀等人的发言和一些兄弟党代表致词。19时大会休会。

9月19日　14时，大会继续听取董必武等人的发言及兄弟党代表致词。17时10分休会。

△ 19时15分至21时17分，由陈云主持在政协礼堂召开大会主席团常委和正副团长会议，讨论八届中央委员候选人名单。

9月20日　14时，大会继续开会，听取陈云等人的发言和兄弟党代表致词。18时50分休会。

9月21日　大会休会一天。22时40分至翌日2时55分，在颐年堂召开八大主席团常委扩大会议，讨论八届中委候选人名单。

9月22日　9时至10时35分，在

西楼会议室召开八大主席团、各代表团正副团长、小组长、秘书处人员会议，到会共85人。讨论并通过八届中委、候补中委候选人名单。

△ 下午，大会继续进行，听取林伯渠等人的发言和一些兄弟党代表致词。

9月23日　下午，大会继续进行，听取谭政等人的发言和一些兄弟党代表致词。

△ 各代表团对八届中央委员和候补中央委员进行第二次预选。

9月24日　下午，大会继续进行，听取胡耀邦等人的发言和一些兄弟党代表致词。

△ 18时55分至19时17分，由陈云主持在政协大楼会议室召开八大主席团、各代表团正副团长、秘书处人员会议。（一）会议公布并通过预选中委、候补中委的结果，中委候选人97人，候补中委候选人73名。（二）通过选举中央委员会的三项补充规定，准备提交大会通过。

9月25日　下午，大会继续进行，听取陈毅等人的发言。晚上，18时至18时15分，召开各代表团团长会议，邓小平谈选举时代表缺席如何由候补代表递补投票问题。

9月26日　13时30分至13时45分，董必武主持八大代表资格审查委员会，谈选举时因正式代表缺席由候补代表递补问题。

△ 下午2时，大会继续进行。进行选举之前，大会全体代表以举手表决方式，一致通过了中国共产党章程。在听取了宋庆龄的致词和一些代表的发言之后，大会执行主席李富春对中央委员的选举作了说明。他说：在代表大会预备会议期间，各代表团对中央委员会的选举曾经进行充分的讨论，并且提出了候选人。在各代表团提名的基础上，根据七届中央委员会的决议，由上届政治局和各代表团正副团长对各代表团提出的名单作了研究和讨论，提出了第一次预选的候选名单，交给各代表团进行了无记名投票的预选。大会开幕之后，大会主席团和各代表团正副团长，根据预选的结果，确定了中央正式委员会和候补中央委员的名额为170人，

并且分为正式中委97人，候补中委73人，再交各代表团讨论。在各代表团都表示同意这个名额和名单之后，又在各代表团进行了第二次无记名投票的预选。现在提出的候选名单，就是根据第二次预选结果提出来的。他宣布，根据大会的日程，今天选举正式中央委员97名，明天将选举中央候补委员73名。17时15分，出席大会的代表以无记名投票方式选举了中央正式委员。

△ 选举结果公布后，17时56分，陈云主持主席团扩大会议，通过政治报告决议（草案）；通过主席团常委提名的中央政治局委员、常委和书记处人选；通过主席团常委排列的正式中央委员的次序。18时7分散会。

9月27日　下午2时，大会举行最后一次大会。首先以无记名投票方式选举候补中央委员，然后由监票人统计选举结果。17时30分，大会在休息后继续进行。陈云向大会宣布了中央委员和候补中央委员的选举结果，即中央委员候选名单97人和候补中央委员会名单73人，票数都超过半数，全部当选。接着大会全体代表一致通过了"中国共产党第八次全国代表大会关于政治报告的决议"和"中国共产党第八次全国代表大会关于发展国民经济的第二个五年计划（1958年到1962年）的建议"。陈云宣布：我们的大会已经胜利地完成了自己的任务。我们全党今后的任务，就是为具体地执行大会的各项决议而努力工作。18时43分，陈云宣告中国共产党第八次全国代表大会闭幕。

△ 18时55分，邓小平主持召开八届中央委员、候补委员座谈会，讨论并通过分组讨论中央组织机构的组长、副组长名单，到会169人，19时55分散会。19时20分至19时45分，刘少奇主持讨论中央领导机构的正副组长会议，谈中央组织机构问题。

9月28日　16时，八届一中全会在怀仁堂举行选举，选举中央机构。

（摘自《中共党史研究》1996年第5期）

难忘党的八大 /于光远

一

今年是党的八大召开40周年。八大是中国共产党历史上一个开得非常好的代表大会。

大会召开的时代背景是在中国这样“一个地广人多、情况复杂的大国，彻底完成了资产阶级民主革命，又取得了社会主义革命的决定性胜利”、“我国的无产阶级同资产阶级之间的矛盾已经基本上解决”、“我们国内的主要矛盾，已经是人民对于建立先进的工业国的要求同落后的农业国的现实之间的矛盾，已经是人民对于经济文化的迅速发展的需要同当前经济文化不能满足需要的状况之间的矛盾。”从这样的情况出发，“党和全国人民的当前主要任务，就是要集中力量来解决这个矛盾，把我国尽快地从落后的农业国变为先进的工业国。”因此，这次大会的任务就如毛泽东开幕词中所说的那样是“总结从七次大会以来的经验，团结全党，团结国内外一切可能团结的力量，为了建设一个伟大的社会主义的中国而奋斗”。

在八大会上，刘少奇按照这样的精神，作了政治报告，周恩来、邓小平按照这样的精神作了关于第二个五年计划的建议和修改党章问题的专门报告，众多的代表在大会上和各代表团的会议上按照这样的精神作了许多发言，最后按照这样的精神通过了大会对政治报告的决议。八大是一个团结的大会，胜利的大会。八大路线是一条正确的、能够大大促进我国社会主义建设的路线。

经过八大以后的40年，现在看得很清楚，如果八大路线能够贯彻下去，而不是第二年又转过去强调政治路线思想路线的阶级斗争，不再把经济文化建设放在首位，如果不是用另外一种对形势的估计代替八大的估计，用另外一条路线代替八大路线，那么中国的状况就不会是后来这个样子，我们中国建设的进程会比现在提前20多年。

八大是一个开得很好的会议，也是只在短短不到一年的时间里得到贯彻，但很快就被别的路线把它的正确路线取代了的一次代表大会。因此是有更多的有关经验和教训应该汲取的一次代表大会，也是更加难忘的一次代表大会。

二

在我入党之后，除了党的七大外，已经开过的所有在党的历史上开得很好的代表大会都出席或者列席。在几次代表大会中，八大的开法同其他几次开法不那么一样。

这次代表大会期间，大会开得很多。开幕式、闭幕式、政治报告和专门报告、选举中央委员和候补委员在大会上举行不必说了。还有许多代表的发言也在大会上进行。而且八大的大会上有各国共产党与工人党的领导人和我国各民主党派的领导人以及国内外新闻记者，大会上的报告和发言第二天就见报。这样的做法当然使各方面的人很满意，产生的影响很大。以后的代表大会就没有再采取过。

当时在各省和几个省的代表团的会议，没有代表之外的人参加。在代表团的会议上，代表们能畅所欲言。我是江苏省选出的代表，是江苏省代表组的副组长（组长是江渭清）。江苏、浙江、安徽、上海等的代表合组了一个华东组的代表团。我记得在华东代表团的会议上，我就发表了与当时安徽省委书记、安徽省代表组组长曾希圣的意见相左的意见，进行了辩论。

中央委员的选举，在八大是很民主的。不是先提出候选名单，而是先进行一次没有候选名单也不限名额的预选，只是在预选前中央的同志讲过一些原则的意见，并在各代表团进行了讨论。预选的结果按照得票多少全部公布，然后整理成一份候选名单，各代表团再进行讨论。讨论中，中央的同志也发表自己的意见。记得刘少奇提出李昌是一二·九运动后的中华民族解放先锋队的总队长，应该列入候选者的名单中。在吸收了代表们的意见后，才提出一份候选名单的草稿，再进行一次预选。并又一次把预选结果拿出去，让代表们选举出一份正式候选名单，然后代表们再在大会上投票选举。

从这次会议本身的开法和会上所作的报告、所通过的决议中，我们可以看出党非常重视发挥党内高度的民主，可以看出，党的工作对社会高度的公开性和强调团结国内和国外一切可以团结的力量是这次代表大会最大的特色。

三

这次代表大会还有一个特色是强调科学。1956年9月10日这一天，毛泽东在八大预备会议第二次全体会议上有一个很重要的讲话。这次讲话没有收入《毛泽东选集》，许多人不知道。我因出席了会议，而且作了详细笔记，对其中某些话记得特别清楚。

在这次讲话中毛泽东讲——我想多引用一些——“现在是搞建设，搞建设对于我们是比较新的事情。早几年在中央范围内就谈过。我们希望建设中所犯的错误，不要像革命中所犯的错误那么多、时间那么长。我们搞建设，是不是还要走那个老路，是不是还要经过十四年，也要栽那么多筋斗呢？我说可以避免栽那么多筋斗，因为过去栽筋斗主要是个思想问题，是不认识、不觉悟的问题。搞经济，我们也有了些经验，现在搞这些新的科学技术我们还没有经验。安排经济，对人、对资本家、对民主党派、对知识分子的工作，我们比较学会了，我们有二十二年的根据地的经验。世界上新的工业技术、农业技术我们还没有学会，虽然我们已经有了六年的经验，学会了许多东西，但是从根本上说，我们还要作很大的努力，主要靠第二个五年计划和第三个五年计划来学会更多的东西。我们要造就知识分子。现在我们只有很少的知识分子。旧中国留下来的高级知识分子只有十万，我们计划在三个五年计划之内造就一百万到一百五十万高级知识分子（包括大学毕业和专科毕业生）。到那个时候，我们在这个方面就有了十八年的经验，有了很多的科学家和很多的工程师。那时党中央委员会的成分也会改变，中央委员会中应该有许多工程师，许多科学家。现在的中央委员会，我看还是政治中央委员会，还不是一个科学中央委员会。所以，有人怀疑我们党能领导科学工作、能领导卫生工作，也是有一部分道理的，因为你就是不懂。现在我们这个中央的确有这个缺点，没有多少科学家，没有多少专家。”

这篇讲话在我脑海中印象最深刻的就是搞建设要避免栽很多筋斗，应该避免走那么多的弯路，和我们将来的中央委员会应该是科学中央委员会这两条。因为这两条以后遇到许多事情，使我常常想到事态的发展恰恰与毛泽东预想的相反，我们在建设时期走了多少弯路，栽了多少筋斗，而在懂得科学这一条上连能量不灭、物质不灭的道理都成了问题！

四

在八大前，党中央正在抓的一项工作便是制定1956年至1967年十二年科学远景发展规划。而这一任务的提出，则应追溯到1953年第一个五年计划的制定和1954年党中央对中国科学院关于《目前中国科学院基本情况和今后任务》这个向中央的请示报告的长篇批示。周恩来1954年在第一届全国人民代表大会第一次会议上作的报告中指出，第一个五年计划第一条方针是要建立工业和国防现代化的基础，而没有现代化的技术，就没有现代化工业。中国科学院院长郭沫若在1955年6月根据中央批示精神说，在有计划地进行科学工作时，“科学发展远景计划就尤其重要”。1955年国务院在周总理的领导下，主管计委工作的李富春就在12月抓长远规划的编制工作，建立了一个从事具体工作的十人小组。1956年周恩来在中央召开的知识分子问题会议上所作的报告正式提出，要在第三个五年计划期末，使我国最急需的部门接近世界先进水平，并且正式提出要制定1956年至1967年的科学技术发展规划，并且建立起一个由当时主管科学工作的陈毅副总理为主任的国务院科学规划委员会，组织300人左右的科学家编制自然科学方面的远景规划，同时在中央宣传部指导下，由中国科学院哲学社会科学学部组织众多的科学家编制哲学社会科学方面的远景规划。到1956年9月党的八大时这两个规划已经初步完成。

编制这个科学远景规划是一件大事。刘少奇在政治报告中强调科学工作的重要性并写了一段话支持编制远景规划。刘少奇说：“第二个五年计划要求特别加强专门人才的培养和科学研究的发展，以便积极掌握世界各国的最新科学成就。我国的科学家们已经初步拟定了一个一九五六年至一九六七年的科学发展规划，这个规划要求我国的最急需的科学和技术部门，在十二年左右接近世界水平。我们应当坚决支持各科学研究机关和高等学校同心协力地实现这个愿望。”

在大会上，周恩来在关于第二个五年计划建议的报告中，聂荣臻副总理在大会的发言中，以及不少与科学技术有关部门的代表发言都对科学技术的发展发表积极中肯的意见。

最后在大会通过的《关于政治报告的决议》的第三部分写进了要求“党和政府必须大力帮助科学院和政府各部、各高等学校、各大企业的科学研究机关，使全国的科学家有必要的条件实现科学发展的十二年规划，争取许多最重要的科学和技术部门尽快地接近世界先进水平”的内容。

五

在被选为八大代表的时候，我担任中央宣传部科学处处长的职务。在国务院的系统中我是以陈毅副总理为主任，李富春、郭沫若、薄一波、李四光为副主任的国务院科学规划委员会下做具体领导工作的一名小组成员。说得再早一些，从1954年起周恩来总理就让我做了不少有关知识分子问题和科学技术方面的工作，并且参加中央召集的知识分子问题会议的文件起草工作。就在八大前夕，我奉陆定一之命，找到中国科学院和高教部商量去青岛开一个为百家争鸣树立样板的遗传学座谈会。8月25日结束，就回北京参加八大。在这些工作中我有不少感想和意见，想在这个代表大会上作一次发言。会议就要我在9月20日左右在大会上发言。

于光远

我在这个发言中讲了四点意见：

第一点意见是“希望各方面重视科学工作”。我看到在1956年1月党中央召开知识分子问题的会议之后，科学工作已经摆到非常重要的位置，但是科学研究“还很不容易排上中央各部门或是地方党委的议事日程。我们要认识到，如果今天不尽一切努力迅速发展科学事业，将来实际工作就会受到很大损失”。

第二点意见是“我们要努力学习，使自己成为领导科学的内行”。“为了使党的领导深入到各个科学部门当中去，我们的同志就要钻研科学业务，学习科学知识，掌握科学工作的规律……对于我们来说，什么事情都是学得会的，不应该有畏难心理，不应该‘绕开科学走’。党领导科学工作，要很好地依靠科学家。现代科学分工很细，不是这一行的专家就不容易弄清这一行的底细，我们在科学问题上一定要向各部门的专家请教，不应该强不知以为知，不应该过多地干涉”。

第三点意见是“要切实改善科学研究人员的工作条件。改善研究人员的工作条件是发展科学事业的前提”。“一月中央召开的知识分子问题的会议着重地提出了这个问题。……党委管理科学的部门应该经常督促有关部门解决科学工作条件问题”。

第四点意见是“调配和培养科学组织工作的干部”。我认为：“我国专家比较少，不应该把许多专家调到行政工作岗位上去，因此只有从各方面抽调党员到科学工作岗位上去”，“关于培养科学组织工作干部……党组织要经常注意向（他们）解释党对科学工作的方针和政策，组织这些干部科学知识的学习”。

这几点意见实在是很平常的，不过由于这些意见是从当时实际工作中概括出来的，所举的一些实例是代表们应该关心而未必已经知道的事，比如我向他们介绍，在青岛遗传学座谈会上经过十几天热烈的讨论，不论米丘林学派或者摩尔根学派都还不能根据充足的科学事实说服对方。我们就本着百家争鸣的方针，支持他们的研究工作，让科学研究成果来做最后结论。我认为党领导科学工作的经验不是不多的，应该在工作中积累和总结组织和帮助科学家开好青岛遗传学座谈会这种经验。

六

40年的时间过去了。回顾这40年真是感触万千。

在这40年中，我国科学发展的事业也走了一条曲折前进的道路。在知识分子问题会议后兴起的向科学进军的浪潮，因为得到八大的支持和鼓励以更大的劲头前进。可惜的是1957年下半年开始，由于八大路线的改变，工作受到影响。但由于聂荣臻坚持八大精神贯彻落实党中央批准的科技远景规划，科学工作还是取得了很大的发展，到1962年这个规划提前完成，"两弹（原子弹、氢弹）一星（人造卫星）"的成功是最显著的标志。于是在1962年制定了1963年至1972年十年科技发展规划，一直到1966年"文化大革命"爆发。在这场"文化大革命"中任何工作都逃脱不了灾难，科学事业也不例外。科学事业的发展也就损失了十年以上的时间，而从1956年到十一届三中全会的20多年中世界科学技术又突飞猛进，我国科技与世界先进水平的差距又扩大了。十一届三中全会后实行改革开放，对我国科学水平的提高起了很大的作用。实行"拿来主义"是一条捷径，引进先进技术特别是引进先进的高新尖技术，对于提高我国科技水平的作用是很显著的。从1979年到1995年又有17年的时间过去了。在这17年中除了引进国外技术外，我国也独立地做了不少科学研究工作，在消化引进技术中我们也做了不少科学工作，提高了我们科学技术工作的水平，因此这17年中的工作也是应该得到肯定的评价的。特别是邓小平十分重视科技工作，提出了"科技是第一生产力"这个命题，也极大地提高了人们对科技工作的认识。但是要接近世界水平的任务似乎比1956年更为艰巨。

这里说的是科学事业发展这个方面。同时我们又不能不注意科技工作的问题，不能不注意对科学工作的领导和组织方面的问题。

在这里我不得不讲一下从1979年开始的反对科学、损害我国科学事业的一股逆流。那就是在我国流行了已有17年之久的伪科学——首先是那靠招摇撞骗过日子的伪人体科学、伪生命科学、伪气功和所谓人体特异功能这一方面伪科学的盛行。它极大地造成思想上的混乱和工作上的损失。它们长期得不到纠正，也败坏了我们在领导和管理科学工作方面的形象。这对于我国科学事业是一种直接的破坏。

由于这样一种明显的伪科学的行为长期得不到纠正而且越演越烈，也“鼓励”了社会上其他分子假借科技发明等名义进行诈骗活动。有些诈骗活动时间之长、规模之大也是惊人的。如白水变汽油这样明显违反“能量守恒定理”的活动竟流行了十几年之久，而至今还没有彻底揭露其为伪科学。在这之外也还有若干类似的伪科学活动还没有揭开。在我们党的管理组织工作中出现这种情况同党的八大精神相比真不知有多远。

七

自从1982年党的十二大之后，我因年龄关系不再在政府部门和科学研究机构担任负责职务。但是本人是学自然科学出身，后来又学习哲学、社会科学，从建国初期开始一直在党和国家机关中做科学组织管理工作，在这方面有几十年的经历，自信虽然情况了解得不够具体，但还是能看出一些问题来的。在管理和组织科学中，我既然观察到存在伪科学盛行这样的问题，共产党员的党性和科学工作者的科学良心都使我不能采取沉默和明哲保身的态度。因此在纪念党的八大时我想结合今天的实际再发表一些意见。那一次我在八大的发言是说给党内的同志听的，这里我想讲的话仍旧是专对党内的同志特别对科学管理和组织工作有关的同志听的。我在这里想提的忠告，首先还是要重视科学工作。不过，这种重视不能只限于口头上，而要表现在尽力为科学事业的发展扫除障碍创造有利发展的条件，至少不做支持伪科学这样的事情。

其次我还是想强调40年前讲过的“努力学习”这一条。做科学管理组织工作的人，不可能对各行各业的科学部门都有专门知识，但是应该懂得科学与超自然的胡说是不能相容的，应该懂得任何违反物质不灭、能量不灭的原理的思想和胡说的什么做法是科学上早已摸索了的。

还有一条在40年前我们也是十分强调的，那就是"党领导科学工作，要很好地依靠科学家"。因此应该尊重科学家，尊重科学家就是尊重科学的表现。如果在某一件事上科学家之间有不同的看法，那也有办法，在道理上的事可以经过辩论，在事实上的事可以通过严格的检验来澄清，如果属于学术范围内的问题，如果是欺骗作假那就要予以揭露。在科学界，在这方面已经有了一套成熟的解决问题的程序，因此并不难解决。做管理组织工作的人只容许恪尽自己的本分，决不容许利用自己的职权去庇护宣扬伪科学的活动。

（摘自《中共党史研究》1996年第4期）

中共八大会场的布置 /苏林云

中共第八次全国代表大会要在政协礼堂召开的消息激励着全体礼堂员工，大家都纷纷表示要做好各项准备工作和大会服务工作，保证会议的顺利进行。我们从人员调配、安全保卫、会场布置、招待服务等各方面进行了精心的安排，还组织服务人员到外单位学习和操练。由于八大有1500人参加，礼堂的座位只有1300个。为此，在一楼把所有桌椅都移动位置，增加了两排桌椅。解决270人上主席台的问题，同时还要求使代表能看到主席台的人。当时确实感到困难，因为主席台口只有16米宽，每排最多只能坐30人，需要坐九排。我们不得不向有关单位请教，还请了一些能工巧匠，最后是这样解决的：第一排座就在地面，从第二排起每排高出20公分，共做了八排高大地坪，每排都设有坚固的拦板以保证安全，这样共设计制作了80多块拦板。在两侧和后排还留了走道。至于米高扬的休息问题，第一会议室是毛主席和主席台同志休息的地方，前厅好几个会议室，须穿过代表的休息厅，不好去。最后是把主席台西侧的道具间装修一新，临时做了贵宾休息室。这些问题的解决，邓小平和杨尚昆都表示满意。礼堂工作人员在这一期间夜以继日地工作，熬红了眼，有的累病了也不休息，那时大家只知道这是一项非常光荣的政治任务，工作再累也值得。总理每次见到我，都要叮嘱我要照顾好工作人员的休息。这又大大激发了大家的工作热情。在大会期间，有一次我病倒了，发高烧，杨尚昆知道后立即派大会卫生处处长黄树则到我家看我，还带来一位医生给我看病，使我激动不已……

（节录自《纵横》2000年第3期，标题为编者所加）

毛泽东与中共八大 /李捷

具有历史意义的盛会

1956年9月15日下午2时零5分，具有重要历史意义的中国共产党第八次全国代表大会，在刚刚落成不久的全国政协礼堂隆重开幕。应当出席这次大会的1026名代表，只有五人请假。

这是中国共产党执掌全国政权以后召开的第一次全国代表大会。此刻，继国民经济奇迹般地迅速恢复之后，空前规模的国家工业化建设正在有计划地全面展开，社会主义三大改造运动在没有引起大的社会震荡的情况下接近尾声，并且推动着国家各项事业的全面发展。种种迹象表明，中国社会正在跨入全面建设、快速发展的新的历史时期。中共八大的召开，就显得意义尤为深远。

中共八大的召开，也为世界所瞩目。苏联、南斯拉夫、意大利等40余国的兄弟党派出各自的代表团专程与会，对这次大会表现出极大的关注。七个月以前，在莫斯科曾经召开过苏共二十大，因赫鲁晓夫在会议结束前夕作了反斯大林个人崇拜问题的秘密报告，在世界上引起轩然大波。中共中央通过发表《论无产阶级专政的历史经验》的署名文章，表明了在斯大林问题上的严正态度，对平息事态起了积极作用。此刻，中共八大将制定出什么样的对内对外方针，成为国际社会普遍关心的问题之一。

在热烈的掌声中，毛泽东宣布："我们这次大会的任务是：总结从七次大会以来的经验，团结全党，团结国内外一切可能团结的力量，为了建设一个伟大的社会主义的中国而奋斗。"

毛泽东的开幕词，博得了经久不息的掌声。整个会场，洋溢着热烈激动的气氛。人们普遍感受到，中国历史上一个新的发展时期已经拉开了帷幕。

毛泽东在刘少奇、周恩来、邓小平等人的全力支持下，为启动这辉煌而又艰难的一幕，付出了心血。

从1952年底开始，准备召开中共八大，即提上中共中央政治局的议事日程。当时，中央政治局和中央书记处（相当于现在的政治局常务委员会）在考虑召开全国人民代表大会的同时，曾经考虑过召开中共八大的问题，并决定先召开一次党的全国代表会议。然而，这项决定被意外事件推迟了。

身为中央人民政府副主席、国家计划委员会主席的"东北王"高

中国共产党第八次全国代表大会于1956年9月15日在北京开幕。图为毛泽东在大会上致开幕词

岗，把筹备召开全国人大和中共八大，视为谋取党和国家更高权力的极好时机，和担任中共中央组织部部长要职的饶漱石相勾结，四处串连，煽风点火，阴谋排挤刘少奇、周恩来，妄图取而代之。他们散布中央有所谓"圈圈"和"摊摊"，将党分为"根据地和军队的党"和"白区的党"两部分，认为现在的党政大权掌握在"白区的党"的人们手里，因此应当"改组"。

1953年12月，毛泽东准备到杭州主持起草共和国第一部宪法。在一次中央会议上，毛泽东依照惯例，委托刘少奇代理主持中央工作，高岗出面反对，还私自活动，要求由他担任中央副主席等要职，还要改换总理人选。

邓小平后来回忆说："毛泽东同志在1953年底提出中央分一线、二线之后，高岗活动得非常积极。他首先得到林彪的支持，才敢放手这么搞。那时东北是他自己，中南是林彪，华东是饶漱石。对西南，他用拉拢的办法，正式和我谈判，说刘少奇同志不成熟，要争取我和他一起拱倒刘少奇同志。我明确表示态度，说刘少奇同志在党内的地位是历史形成的，从总的方面讲，刘少奇同志是好的，改变这样一种历史形成的地位不适当。高岗也找陈云同志谈判，他说：搞几个副主席，你一个，我一个。这样一来，陈云同志和我才觉得问题严重，立即向毛泽东同志反映，引起他的注意。"

12月24日，中共中央政治局召开会议，揭露高岗的问题。毛泽东在会上说："北京有两个司令部，一个是以我为首的司令部，就是刮阳风，烧阳火，一个是以别人为司令的司令部，叫做刮阴风，烧阴火，一股地下水。"会后，毛泽东委托刘少奇主持召开七届四中全会，揭发批判高饶反党联盟的问题。

1954年2月，中共七届四中全会作出《关于增强党的团结的决议》。1955年3月，中国共产党全国代表会议又通过了《关于高岗、饶漱石反党联盟的决议》，并开除高岗、饶漱石的党籍。正是在这次全国代表会议和同年11月召开的七届六中全会上，召开中共八大正式提上了中共中央的主要议事日程。

按照中共七大通过的党章规定：党的全国代表大会，在通常情况下，每三年召集一次。然而中共八大与七大间隔了整整11年。

对此，毛泽东在1955年3月召开的中国共产党全国代表会议上，作过一段解释。他说："党的代表大会，十年没有开了。当然头五年不应当开，因为兵荒马乱，又开了'七大'，后五年可以开而没有开。没有开也有好处：高饶问题搞清楚再开，不然他们要利用'八大'大做文章。同时，我们的五年计划也上了轨道，过渡时期总路线也提出来了，又经过这次代表会议使大家在思想上更加统一了，为召开党的第八次代表大会准备了条件。"

为了党和国家安全的长远之计

1955年3月，中国共产党全国代表会议闭幕以后，准备召开中共八大的工作，逐步成为中共中央的一项主要议程。

毛泽东为中共八大的召开，主要抓了三件大事。

第一，主持决定了筹备中共八大的工作班子。

经毛泽东提议，中共中央分工，政治报告的起草由刘少奇负责，关于第二个五年计划的报告的起草由周恩来负责，修改党章的报告由邓小平负责。

毛泽东作出这样的安排，有其深远的考虑。

10年前，在中共七大召开时，毛泽东作政治报告，刘少奇作修改党章的报告。在筹备中共八大的过程中，这两项主要工作，分别由刘少奇和邓小平承担。这个变化，反映了毛泽东对未来中共中央政治领导核心的长远考虑。

在中共八大召开前夕，毛泽东明确地说明了自己的考虑，集中到一点，就是为了国家的安全和党的安全。

毛泽东是这样说的："中央准备设四位副主席，就是少奇同志，恩来同志，朱德同志，陈云同志。另外还准备设一个书记处。书记处的名单还没有定，但总书记准备推举邓小平同志。”“一个主席，又有四个副主席，还有一个总书记，我这个‘防风林’就有几道。‘天有不测风云，人有旦夕祸福’，这样就比较好办。”“中心的目的就是为了国家的安全，多几个人，大家都负一点责任。”

他还表示：“我是准备了的，就是到适当的时候就不当主席了，请求同志们委我一个名誉主席。名誉主席是不是不不事呢？照样干事，只要能够干的都干。”

在提出这些建议时，毛泽东清醒地意识到了斯大林的问题，有意识地吸取了斯大林在世时权力过分集中在个别人身上的教训。

在毛泽东和刘少奇的建议下，中共八大通过的党章里，明确规定设中共中央副主席若干人和总书记一人；在政治局及其常委会下，设书记处，“处理中央日常工作”。还规定：“中央委员会认为有必要的时候，可以设立中央委员会名誉主席一人。”

这些规定，在一定时期里，对中国政治生活和民主集中制建设，产生了积极的影响。

调动国内外一切积极因素

明确中共八大的指导思想，是毛泽东在刘少奇等的通力配合下，着重抓的另一件大事。

对中共八大的指导思想，毛泽东经历了不断思考、逐步明确的过程。

他在1955年11、12月间提出：关于中共八大的准备工作，中心思想是要反对右倾思想，反对保守主义，提早完成社会主义工业化和社会主义改造。不久，他又向全党提出了“以苏为鉴”的问题。

本着这一指导思想，刘少奇从1955年12月开始准备政治报告的起草工作。他的准备，首先从听取中央各部门汇报开始。

1956年年初，毛泽东从外地视察回来，听说刘少奇正在逐个听取中央各部门汇报工作，从中受到启发。从这年2月到3月，他连续听取了34个部门的汇报，逐步形成了对走适合中国国情的社会主义建设道路的比较系统的看法，对召开中共八大的指导思想也更加明确。

1956年4月25日，毛泽东在中共中央政治局扩大会议上，发表著名的《论十大关系》的讲话。

这篇讲话，明确了一个基本方针，就是“要努力把党内党外、国内国外的一切积极的因素，直接的、间接的积极因素，全部调动起来，把我国建设成为一个强大的社会主义国家”。

这篇讲话，还明确了一个基本任务，就是以苏联的经验教训为鉴戒，从本国的实际情况出发，探索中国自己的建设社会主义的道路。

《论十大关系》的发表，为中共八大的召开，作了重要的思想和理论准备。

这一时期，毛泽东也在认真思索今后国内的主要矛盾和中心工作问题。

这年9月，他对前来出席中共八大的意大利共产党代表团表示：斯大林犯错误的原因是思想仍停留在旧的时代。客观形势已经发展了，社会已从这一阶段过渡到另一阶段。这时阶级斗争已经完结，人民已经用和平的方法来保护生产力，而不是通过阶级斗争来解放生产力的时候，但是斯大林在思想上没有认识到这一点，还要继续进行阶级斗争，这就是错误的根源。

在此之前，8月22日，毛泽东在中共七届七中全会第一次会议上还说过：“这一次重点是建设。有国内外形势，有社会主义改造，有建设，有人民民主专政，有党，报告（按：指刘少奇的政治报告）里面有这么几个大题目，都可以讲。但是重点是两个，一个是社会主义改造，一个是经济建设。这两个重点中，主要的还是在建设。这个报告的主要部分，三万字中有三分之一是讲建设。”

在中共八大前后，毛泽东虽然没有用明确的语言对社会的主要矛盾和中心工作作出直接的、正面的表述，这或许表明他自认为对这些问题还没有最后考虑成熟，但是有一点可以肯定：他在这些问题上的思路，同中共八大的决议，在当时是基本一致的。

“我们是有民主的”

1956年7月起，中共八大的准备工作进入了讨论修改政治报告、关于修改党章的报告等重要文件的阶段。

从这时起，毛泽东亲自主持了讨论工作，并对各项重要文件作了认真的修改。

1956年7月6日到9月8日，毛泽东先后在北京和北戴河，主持召开中央政治局会议、政治报告起草委员会会议等多种类型的会议，前后共有19次之多。

直到中共八大召开前夕，毛泽东还在9月6日到8日，连续三天，分别同刘少奇、周恩来、陈伯达、胡乔木，研究政治报告的修改问题。

毛泽东把主要精力放在对刘少奇政治报告的修改上。整个修改过程，洋溢着民主协商的气氛。从现在保存下来的几份批件上，我们可以窥见一斑。

1956年8月29日凌晨3时，刘少奇将新修改的部分草稿送给毛泽东，并在信中说：“昨天早起把以前写的稿子推翻了，所以这段稿子今天才写好，有四千七百多字。请审阅，看是否可以这样写？请看完后要高智通知我到主席处谈一谈如何修改这一段的问题。”

毛泽东在当天就认真看完了这部分草稿，还在刘少奇的来信上写下了如下批语：“这一部分改得很好，字数不多，清爽好看。前一部分盼能迅速加以修改。今天晚上十时左右准备开书记处会议谈一些事。”

9月4日，政治报告中有关社会主义建设的部分修改好以后，毛泽东特地嘱咐陆定一送给陈云征求意见，并要在5日晚10时以前将陈云的修改意见送给他看。

5日，陈云写信给毛泽东：“有几个地方与定一、乔木商量后改了一下。商业一节，还有一些修改，稿子在乔木处，由他改好后送我看，再送你。”

6日凌晨2时前后，毛泽东看了陈云送来的部分修改意见，再次作了修改，并向胡乔木催要尚未送来的有关商业的一节。他在批语中说：“建设部分，除商业外，又看了一遍，用铅笔作了一些修改。请你将商业部分改好，于今天下午送我一阅，再送少奇同志。”

类似的来往信件和批示还有一些，都是毛泽东同刘少奇等中央领导人平等磋商、共同修改审定中共八大政治报告的历史见证。有人散布说，毛刘的矛盾始于中共八大。甚至说，刘少奇的政治报告事先没有送给毛泽东看。这些传言，经不起历史事实的检验。

毛泽东对政治报告作了极为认真的修改。在保存下来的80多份政治报告修改稿中，经过毛泽东本人修改的就有21份。其中，毛泽东最重要的修改，主要有这样几处。

其一，关于党的中心任务。在政治报告里，这样写道：“目前我们党的中心任务，就是要依靠业已组织起来的勤劳勇敢的六亿中国人民的共同努力，又多、又快、又好、又省地来进行经济建设和文化建设的工作，以便迅速克服我国经济落后和文化落后的状态，使我们的国家和人民富裕起来。”这段表述，经过了毛泽东的认真推敲和斟酌。

其二，关于防止个人突出。在政治报告的初稿上，有这样一段话：“我们还应该永远保持艰苦朴素的作风。毛泽东同志在我们还没有进入大城市以前，就号召共产党员不做寿，不送礼，在中央和各级负责同志外出工作或作其他活动的时候不许组织欢迎欢送，不许献旗献花，不经中央同意不许以人名为地方、机关、企业等命名。”毛泽东看了这段话，感到没有点出问题的实质原因，在一旁批道：“要讲一讲理由：即为了不要个人突出。”

正是本着这个精神，在中共八大政治报告“党的领导”一节中，加强了关于贯彻执行党的集体领导原则和扩大党内民主的论述。而且在关于修改党章的报告中，把防止对于个人的神化，作为贯彻党的民主集中制原则的重要内容。

其三，关于解放台湾的方针。在政治报告“国家的政治生活”一节里，郑重宣布：“我们愿意用和平谈判的方式，使台湾重新回到祖国的怀抱，而避免使用武力。”这个重要决策，是1955年毛泽东根据国内外局势的变化作出的。

在修改这部分内容时，毛泽东加写了两段十分重要的话：“解放台湾的问题完全是中国的内政问题。”“如果不得已而使用武力，那是在和平谈判丧失了可能性，或者是在和平谈判失败以后。”这两个至关重要的原则，昭示了中国政府在台湾问题上的基本立场。

其四，关于缓和国际紧张局势，争取持久和平。政治报告中，有“国际关系”一节，提出了“争取国际上的一切有利条件，团结国际上一切可能团结的力量”的总方针。毛泽东对这一节反复作了修改。

毛泽东在修改稿上，曾经加写过这样一段话：“我国的外交政策是以和平共处五项原则为基础的。为了缓和国际紧张局势和支持反殖民主义的民族解放运动，我国政府和人民已经做了许多有益的工作。今后还应当做更多的工作，争取世界上一切和平力量使它们更加发展，以有利于世界的持久和平，也就有利于我国的建设。为了和平和建设的利益，我们愿意和世界上一切国家，包括美国在内，建立友好关系。我们相信，这一点，总有一天会要做到的。”

这段重要的思想，在修改定稿后的政治报告中，得到了充分的展开和发挥。

毛泽东对邓小平关于修改党章的报告、周恩来关于发展国民经济的第二个五年计划的建议的报告，虽然没有像政治报告那样投入巨大精力，反复修改，但也同样认真审阅过。

毛泽东对中共八大上述三个报告的准备和修改过程，十分满意。9月13日，他在七届七中全会第三次会议上，谈到这三个报告的修改过程时说："第一次推翻你的，第二次推翻他的，推翻过来，推翻过去，这也说明我们是有民主的。不管什么人写的文件，你的道理对就写你的，完全是讲道理的，不讲什么人，对事不对人。"正是在这次会议上，讨论并原则通过了这三个报告。

"不要把中国同志和马、恩、列、斯平列"

长期以来，一些人对中共八大通过的党章在对党的指导思想的表述中，没有提到"毛泽东思想"，感到不解。西方的一些人，借此大做文章，希望以此来证明所谓"毛与刘、邓矛盾源于八大"的猜测。

事实并非如此。

在中共七大通过的党章里，对党的指导思想是这样表述的："中国共产党，以马克思列宁主义的理论与中国革命的实践之统一的思想——毛泽东思想，作为自己一切工作的指针，反对任何教条主义的和经验主义的偏向。"

在中共八大修改后的党章里，对上述提法改动如下："中国共产党以马克思列宁主义作为自己行动的指南。""党在自己的活动中坚持马克思列宁主义的普遍真理同中国革命斗争的具体实践密切结合的原则，反对任何教条主义的或者经验主义的偏向。"

这两种表述，贯穿的精神实质并没有改变。改变的，只是不再直接使用"毛泽东思想"这个提法。而首先提出不再使用这个提法的，正是毛泽东本人。

中共七大前后，中国共产党在指导思想上，面临着能否顶住斯大林对中国革命的错误指导和教条主义的巨大压力，把马克思列宁主义原理同中国革命的具体实际相结合，独立自主地领导中国革命的重大问题。在这种情况下，中国共产党人必须旗帜鲜明地打出自己的思想旗帜——毛泽东思想。

这是现实的需要，也是历史发展的需要。

中国革命胜利以后，情况有了根本的改观。面对治理国家和经济建设的新形势和新任务，中国共产党有必要虚心向苏联等社会主义国家学习和借鉴先进经验。同时，在对外交往中，也必须防止盲目骄傲、把一国经验当作普遍原理的倾向。在这些方面，毛泽东尤为清醒和谨慎。

早在1949年3月中共七届二中全会上，毛泽东就提出"不要把中国同志和马、恩、列、斯平列"。从这一年起，毛泽东在审阅一些重要文件，包括收入《毛泽东选集》第三卷的《关于若干历史问题的决议》时，总是把"毛泽东思想"一词删去或改写。有的改为"马克思列宁主义的普遍真理和中国革命的具体实践相结合"，有的改为"马克思列宁主义"。

1952年9月25日，毛泽东在审阅《人民日报》国庆社论提纲草稿时，提出："不要将'毛泽东思想'这一名词与马列主义并提，并在宣传上尽可能不用这个名词。"

1953年5月24日，毛泽东在审阅中国人民解放军内务条令、纪律条令和队列条令时，又指出："凡有'毛泽东思想'字样的地方均改为'毛泽东同志的著作'字样。"

中共中央宣传部还根据毛泽东的意见，在1954年12月下达了《关于毛泽东思想应如何解释的通知》。

通知说："毛泽东同志曾指示今后不要再用'毛泽东思想'这个提法，以免引起重大误解。我们认为今后党内同志写文章做报告，应照毛泽东同志的指示办理。至于讲解党章和过去党的重要文件决议时，仍应按照原文讲解，不得改变，但应注意说明'毛泽东思想'就是马克思列宁主义思想，避免对两者有不同内容的可能误解。"

毛泽东在审阅这个通知时，在末尾加写了一段话："在写文章做讲演遇到需要提到毛泽东同志的时候，可用'毛泽东同志的著作'等字样。"

经过几年的宣传和贯彻，上

述精神在中共八大前夕，已经成为全党的共识。

中国共产党第八次全国代表大会，作为新中国成立以后第一次团结的盛会，第一次提出全党工作重心转移到经济建设上来的大会，载入了史册。

毛泽东在中共八大开幕词里提出："我们现在也面临着和苏联建国初期大体相同的任务。要把一个落后的农业的中国改变成为一个先进的工业化的中国，我们面前的工作是艰苦的，我们的经验是很不够的。因此，必须善于学习。"

在会议前夕，他还提出：要在三个五年计划之内造就100万到150万高级知识分子。那时，中央委员会的成分也会改变。中央委员会中，应该有许多工程师，许多科学家。他不无遗憾地表示说：现在的中央委员会，我看还是一个政治中央委员会，还不是一个科学中央委员会。现在我们这个中央的确有这个缺点，没有多少科学家，没有多少专家。

毛泽东的这些愿望，由于种种原因，没能在他在世之时成为现实。中共八大提出的正确的指导思想，也没有真正贯彻下去。但是，在探索适合中国情况的社会主义建设道路的过程中，毛泽东和中共八大所起到的筚路蓝缕之功，却不会因岁月的流逝而褪去应有的光辉。

(摘自《纵横》1996年第7期)

八大主席团名单

习仲勋	毛泽东	王稼祥	邓小平	邓子恢	邓颖超	叶剑英
帅孟奇	刘少奇	刘伯承	刘格平	刘澜涛	朱　德	李井泉
李先念	李雪峰	李富春	宋任穷	吴玉章	陈　云	陈少敏
陈伯达	陈　郁	陈　毅	陆定一	周恩来	周　扬	罗荣桓
罗瑞卿	林伯渠	林　彪	林　枫	林　铁	欧阳钦	郑位三
胡耀邦	柯庆施	徐向前	徐特立	陶　铸	马明方	乌兰夫
张云逸	张闻天	张鼎丞	张德生	康　生	黄克诚	黄　敬
彭　真	彭德怀	贺　龙	杨秀峰	贾拓夫	董必武	廖承志
钱　瑛	蔡　畅	赖若愚	薄一波	聂荣臻	谭　政	谭震林

中共八大文件的三支笔/程波

1956年前后，毛泽东身边有三位政治秘书极为引人注目，诸多重要社论、文件都出自他们之手。这三个人是：陈伯达、胡乔木和田家英。他们都是中共八大主要文件的执笔者。陈伯达起草的是《中国共产党第八次全国代表大会关于政治报告的决议》，胡乔木则是刘少奇所作《政治报告》的主要起草人，田家英则以起草了著名的开幕词而闻名。他们都是党内的"笔杆子"，毛泽东的得力助手，而且各有自己的"绝活"。

陈伯达：写不好开幕词的大秀才另做了一篇"好文章"

陈伯达是1939年春调到毛泽东身边当秘书的。可他的出名，是在四年之后——1943年。

这一年他的名字引起了全国人民甚至海内外人士的注意。因为他写了一篇文章，叫《评〈中国之

陈伯达

命运〉》，发表在1943年7月21日的延安《解放日报》上。

人们不禁要问，《评〈中国之命运〉》是一篇什么样的文章？为了理解这个问题，还是让我们先来看看《中国之命运》是一本什么书。

原来，这是一本蒋介石的"名著"。它由国民党顾问陶希圣捉刀，于1943年3月10日出版。这本书很快成了国民党统治区人人必读的政治"圣经"，是大、中学校最重要的课外读物，是各级教育部门的正规考试科目。

《中国之命运》一书在号召尊崇儒家传统的同时，还认为读者应该相信古代社会制度形式的完美，以及在古代的典范中尤其是在人民与统治者的关系上探索摹仿榜样的必要性。什么东西能使中华民族团结成一个整体呢？在回答这一问题时，蒋介石提出了"八德"（儒家学说的伦理道德准则——忠孝仁爱信义和平）和四条立国之本（礼义廉耻）。蒋介石说："中国所固有的由孔夫子所创立的、经孟子发展的、又由汉代儒家所注释的生活哲学已经变成了一个尽善尽美的体系。它优于世界上任何哲学，而且是它们所不能达到的。"根据儒家学说，统治者是完人——有思想的人，而它的臣民——没有个性的民众却要受制于人。只有微不足道的人才不能理解天命，把英明者的话不当回事。按照《论语》的说法，人民就像马，不能独立行动，而皇帝就像是骑马人，他管理着人民。为此，要由他来控制"缰绳"，即控制官吏和法律。

自命为孙中山继承者的蒋介石，实际上把自己的思想信条和国民党奠基人的民主主义对立起来了，否定了在中国实现民主原则的可能性。孙中山特别重视国家的利益，任何时候都没有把个人的利益和国家利益对立起来，他极力唤起人民群众的创造热情，唤醒自己的同胞参加斗争。而蒋介石则按照中国传统的军阀的传统习惯行事，这些军阀习惯于统治没有个性的民众，使他们服从自己的意志。

蒋介石上述思想，显然是与共产党的主张相悖的。为此，中国共产党决定给予反击。

光荣的任务落到了一位名叫陈伯达的青年人身上。

于是，《评〈中国之命运〉》这篇文章就出来了。

这篇文章虽然是以个人名义发表，但实际上是代表着中共的观点。文章处处以"我们共产党人"的口气，况且又是在中共机关报《解放日报》上头版头条刊出，所以理所当然地被认为是中共对《中国之命运》的抨击。

文章中有些部分毛泽东亲手进行了修改，正如陈伯达所说：

"毛主席加上的一段话，气魄比我大得多，非常深刻，非常有力，是我远远比不上的。"

文章发表之后，彻底揭露了蒋介石及国民党顽固派的真面目。陈伯达为此名噪一时，被誉为中共的一支"大笔"。

从此，陈伯达备受毛泽东的器重了。

1945年4月至6月的中共七大上，陈伯达第一次被列入中共中央委员会的候选人名单上。这意味着他进入了中共高层领导圈子之中。

1956年9月，在中共八大上，有三位中共高层领导人作了相应的报告，而最高领袖毛泽东则只是致了一个简短的开幕词。这"一词三报告"的起草者，主要是毛泽东当时的三大政治秘书。

一开始，陈伯达被直接授以写作开幕词的任务。

按说，对于陈伯达这种"大手笔"来说，写一篇几千字的开幕词根本就是"小菜一碟"，陈伯达开始也是这样认为的。

可是当他在具体写作时，发现自己时常停下来，而出现思维"断电"现象，这在他过去是很少有的。他写这篇开幕词写了两个月，反复修改过，但自己对稿子还是不自信、不满意。他觉得自己办法不多了。

他怀着不安的心情把稿子送给毛泽东看，结果不出他的所料，第三天，稿子就送回来了，上面毛泽东写了好多批语，还作了很多改动，陈伯达一看就是动“大手术”的样子，他又埋头改了一个星期，这一次，他亲自送给毛泽东审阅。毛泽东看完后，仍不满意，风趣地说：

“陈秀才，你这次可写不好开幕词了，是咋回事哟？”

后来，终于没有采用陈伯达的稿子，而改由毛泽东的另一位秘书田家英来写了——这是后话。

陈伯达除参加了这项失败的工作之外，还参加过刘少奇代表中央向大会所作的政治报告的一部分修改工作；不过，他的主要精力是放在起草《中国共产党第八次全国代表大会关于政治报告的决议》(1956年9月27日由大会通过)。

陈伯达这个文件还是写得很成功的。

他在《决议》中字斟句酌地写入如下一段话：

我们国内的主要矛盾，已经是人民对于建立先进的工业国的要求同落后的现实之间的矛盾，已经是人民对于经济文化迅速发展的需要同当前经济文化不能满足人民需要的状况之间的矛盾。这一矛盾的实质，在我国社会主义制度已经建立起来的情况下，也就是先进的社会主义制度同落后的社会生产力之间的矛盾。

在中共八大上，陈伯达又当选为中央委员。1956年9月28日，在中共八届一中全会上，陈伯达又向前迈进了一步，进入了中央政治局候补委员的行列。中共八大政治局委员有毛泽东、刘少奇、周恩来、朱德、陈云、邓小平、林彪、林伯渠、董必武、彭真、罗荣桓、陈毅、李富春、彭德怀、刘伯承、贺龙、李先念。

而政治局候补委员仅为六人，他们是：乌兰夫、张闻天、陆定一、陈伯达、康生和薄一波。

不过，这时候的陈伯达，仍是担任毛泽东的秘书。

胡乔木：执笔八大政治报告，并当选中央委员

1992年，中共高层一位著名人物去世了，引起了国内外不小的

震动。这位著名人物就是曾跟随毛泽东当秘书几十年的胡乔木。胡乔木由于一篇发表在当时《中国青年》上的文章而被毛泽东相中，于1941年调到毛泽东身边当秘书。此时的胡乔木，只是一个才29岁的青年。

1950年5月，中共中央政治局决定成立《毛泽东选集》编辑委员会，由刘少奇任主任。而编辑工作，主要就由毛泽东的三位秘书来承担。胡乔木负责语法修辞用字和标点方面的工作，编第四卷时负责全面工作。

胡乔木

1951年7月1日，是中国共产党建党30周年纪念日，对于中国共产党来说，这是一个非同寻常的日子。而这一天还未到来，全国各地给中共中央和毛泽东的贺信贺电就如潮水般涌来。为此，中共中央政治局决定，1951年6月30日在北京举行隆重的大会，庆祝中国共产党诞生30周年，毛泽东等出席大会，由刘少奇作报告。

可是报告由谁来写呢？

毛泽东想到了胡乔木。他太了解他的三位秘书了。胡乔木对中共历史到了几乎烂熟的地步了。

胡乔木接到任务后，只用了一个星期，就交卷了，这就是有名的《中国共产党的三十年》一文。

没想到，毛泽东阅后，却作了批示，此文以胡乔木的名义发表。

胡乔木知道这一消息后，觉得这样不好：这么一来，如何向少奇同志交代呢？

毛泽东说："少奇同志那里，由我去打招呼，另找人起草报告。"

胡乔木只得听从。于是，《中

国共产党的三十年》署名胡乔木，发表于1951年6月22日的《人民日报》上。新华社全文转发，全国各地报纸也全文刊载，中央人民广播电台全文广播。另外，人民出版社还印了单行本。

一向在幕后工作的胡乔木，第一次公开在全国人民面前亮相。从此，全国人民都知道中央有个写大文章的笔杆子名叫胡乔木。

胡乔木还参加了起草《中华人民共和国宪法》。

毛泽东亲自挂帅，主持宪法起草工作，出任宪法起草委员会主席。

宪法是国家的根本大法，起草工作也就很慎重。1953年底，中共中央成立了宪法初稿小组，着手起草初稿。后来，经中共中央政治局决定，起草小组由八人组成，他们是陈伯达、胡乔木、董必武、彭真、邓小平、李维汉、张际春、田家英。显然，毛泽东的三大秘书成为必不可少的成员。

为了专心于起草宪法，毛泽东亲自带着这帮人来到杭州。

胡乔木在《我所知道的田家英》中，这样描述了在杭州工作的情形：

1953年底，毛主席指定陈伯达、田家英和我准备去杭州起草宪法，陈已先拟初稿，听说又要别人参加，改动稿子，就已很不高兴，到杭州后，陈告诉家英，他要住在北山高处，表示他不负任何责任。第一次开会讨论，他又对家英发火，让任何人非经他的允许，不得在主席面前议论原稿，并且不许向主席说明其中原委。家英对陈的这种专横行为非常愤慨，却无法反抗。此后，每次开会以前，先得向陈做一次汇报。直到罗瑞卿（他是一道来的，但此前并没有参加起草宪法的讨论）后来直截了当地提出某某条应当这样改，某某条应该那样改，陈管不了他，陈独裁的局面也就打破了。陈因为一开始就不愿到杭州来，来了势必改动他的原稿，加上讨论时毛泽东自己也常常当面对陈的草稿提出种种重大的修改意见，所以在整个起草过程中他闷闷不乐，常对家英说："我不行啦，要回老家当小学教师"等等……

宪法的序言部分是由胡乔木执笔的，其他部分他也参加了编写。

为着起草中共八大文件——毛泽东的开幕词、刘少奇的《政治报告》、周恩来的《关于发展国民经济的第二个五年计划的建议的报告》，毛泽东的三位秘书处于高度的忙碌之中。

就在中共八大召开的前一天，毛泽东还给三位秘书写了这样一封信：

伯达、乔木、家英同志：

（一）"党的领导"部分，看了一遍，可用，估计不会有太多的修改了。但是一定还会有一些修改。我们都要睡觉。你们在上午12时以前改好，直接交尚昆翻译和付印。

（二）开幕词又作了一些修改，已去打清样送你们，请再加斟酌，于下午交我为盼！

毛泽东

9月14日上午6时

胡乔木在这三大讲话和报告中，主要负责与陈伯达一起起草政治报告。另外，也协助周恩来修改关于第二个五年计划的报告。

在中共八大上，胡乔木当选为中共中央委员。

在中共八届一中全会上，胡乔木当选为中共中央书记处候补书记。当时当选为中央书记处书记的是：邓小平、彭真、王稼祥、谭震林、谭政、黄克诚、李雪峰。

候补书记是：刘澜涛、杨尚昆、胡乔木。

可见，胡乔木已经成为了中共高层领导者，以后的中共高层会议，他不再是列席者，而是堂堂正正的出席者了。

田家英：充满"毛泽东风格"的开幕词原来由他捉刀

田家英最初引起毛泽东的注意，是在1942年1月8日。那天，田家英在延安《解放日报》上发表了《从侯方域说起》一文。毛泽东正巧看到这篇文章，颇为赞赏。毛泽东从这篇千字文中看到了这位作者的文史功底和敏锐的思想。

毛泽东特别欣赏其中的这段话：

一个人，身经巨变，感慨自然会多的，不过只要这人还有血性、热情、不作“摇身一变”才行，不然，便会三翻四覆，前后矛盾。比如侯方域吧，“烟雨南陵独回首”，真有点“侧身回顾不忘故国者能有几人”的口气。然而，曾几何时，这位复社台柱，前明公子，已经出来就大清的顺天乡试，投身新朝廷了，这里自然我们不能苛责他的，“普天之下”此时已是“莫非”大清的“王土”，这种人也就不能指为汉奸。况且过去的奴才已经成为奴隶，向上爬去原系此辈常性，也就不免会企望龙门一跳，跃为新主子的奴才。“后之视今，亦犹今之视古”，近几年来我们不是看得很多：写过斗争，颂过光明，而现在也正在领饷做事，倒置是非的作家们的嘴脸……

毛泽东万万想不到这是一位年纪才20岁的小伙子写出来的，如此老辣，实属少见！

不过，毛泽东起初的意思是要把田家英要来当他儿子毛岸英的教师——如此熟悉文史，让他教语文是再适合不过了。

就这样，毛岸英的同龄人田家英，成了毛岸英的老师。

后来，毛泽东身边的秘书忙不过来了，毛泽东问胡乔木谁适合当秘书，胡乔木毅然推荐了田家英。

于是田家英被召到毛泽东那里。毛泽东要考一考这个人：口授一段意思，要田家英当场拟一电文。田家英知道这是一次特殊的考试，非常认真地对待这事。他一挥而就，毛泽东看后表示满意。

组织上研究决定，调他当毛泽东的秘书。

事后，田家英用六个字形容他当时的心态：拘束、害怕、紧张。他害怕难以胜任这一重要工作。

他向胡乔木请教，向大家请教。大家告诉他，要当好毛泽东的秘书，最根本的一条就是：学好毛泽东著作，领会毛泽东思想。

田家英没日没夜地看毛泽东的著作。后来，他写了一个学习笔记《一个同志的读书笔记》，曾作为内部读物出版印刷过。

毛泽东还让田家英出去"实习"：派他前往东北调查工商业情况。田家英奉命经大连去东北，虽然他对经济问题并不在行，但还是圆满地完成了毛泽东交给的任务。

经过"面试"和"实习"，田家英正式成为毛泽东的秘书。

田家英在他的秘书生涯中，由于工作一丝不苟，深受毛泽东的器重，得到不断的提拔。他曾担任中共中央办公厅秘书室主任、中共中央政治局主席秘书、中华人民共和国主席办公厅副主任、中共中央政治研究室副主任、中共中央办公厅副主任等职务。

田家英

在田家英的秘书生涯中，宣传毛泽东思想可以说是一项很重要的工作。他参加了《毛泽东选集》的编辑工作。还曾帮助编辑了那本在1955年轰动一时的《中国农村的社会主义高潮》。

他编辑了《毛泽东诗词十九首》和《毛主席诗词》(37首)。

由于他对毛泽东思想的深入研究，对于中国近代史、现代史的深刻了解，连中学都未曾读完的他，担任了《红旗》杂志常务编辑、中共党史编委会委员、《中国史稿》编委。他甚至还成为中国科学院哲学社会科学部的学部委员。

1956年9月15日下午2时整，毛泽东和他的战友出现在主席台的位置上，全场欢声雷动；2时零5

分，毛泽东走上了讲台，顿时，暴风雨般的掌声再次在会场响起。毛泽东稍作停顿，环顾全场，然后掏出口袋里的一张纸，对着稿子，用他那一贯富有吸引力的声音抑扬顿挫地念起来了：

“同志们：中国共产党第八次全国代表大会，现在开幕了。……”

全体起立，长时间的热烈的鼓掌。

毛泽东的开幕词很短，不过两千多字。可是根据当时记录，毛泽东致开幕词时，曾34次被热烈的掌声所打断。其中有五次是长时间的热烈的鼓掌——这也可以通过查阅当时的文献得到证实，比如当时的《新华月报》就详细地注明了哪些地方被掌声打断，掌声的程度又是如何等。

由此足见毛泽东的开幕词在代表们心中所引起的极其强烈的反响。

开幕词中的“华彩段落”，被人称作“毛泽东格言”，曾经被人们反复引用，那就是：

即使我们的工作得到了极其伟大的成绩，也没有任何值得骄傲自大的理由。虚心使人进步，骄傲使人落后，我们应当永远记住这个真理。

代表们都以为，这篇充满“毛泽东风格”的开幕词，肯定是毛泽东写的无疑。因为毛泽东的风格，他们太熟悉了。

可是，当毛泽东在政协礼堂致完开幕词，来到休息室，许多人称赞这个开幕词写得好时，毛泽东对大家说：

“这个不是我写的，是个年轻秀才写的，此人叫田家英！”

哦！大家明白了，原来是他的秘书写的。

如果不是毛泽东道出底细，这篇开幕词，谁都不会想到是由别人捉刀，并且是田家英写的。

平时，毛泽东作报告、演讲，写文章，从来不让别人代笔，然而，八大开幕词，毛泽东起草过两个稿子，不知为什么都没有写完，可时间又很紧了，事又特别多，毛泽东只好破例由别人代笔。起先他想到了陈伯达，陈伯达的文章洋洋洒洒，扯得太远，毛泽东并不满意。

怎么办？离开幕的时间已经很近了。

“田家英，你来写吧，写得短些，有力些。有个稿子带在口袋里，我就放心了。”毛泽东把起草开幕词的任务交给了田家英。

田家英痛快地接受了任务。他花了一个通宵，写出了初稿，第二天，他眼睛通红地带着稿子去见毛泽东。毛泽东一看，说：

“哟，真不愧是个秀才呀！这么快就写出来了。”

毛泽东看了稿子以后，比较满意，连说“可以，可以”。于是便送刘少奇、周恩来、朱德、陈云等中央有关领导，他们都提出了一些较好的意见。

毛泽东在对田家英起草的稿子进行修改时，加上了一些重要的内容。

关于苏共二十大，毛泽东加写了一段评论。他说：“苏联共产党在不久以前召开的第二十次代表大会上，又制定了许多正确的方针，批判了党内存在的缺点。可以断定，他们的工作，在今后将有极其伟大的发展。”当时，毛泽东虽然不同意赫鲁晓夫全盘否定斯大林，但对苏共二十大批判个人迷信是肯定的。那时，他更多地还是从积极的方面去看待苏共二十大的。

在开幕词的最后，毛泽东还特地加了一段对各民主党派和民主人士的话。他说：

今天在座的还有我们国内各民主党派和无党派民主人士的代表。他们是和我们一道工作的亲密的朋友。他们一向给了我们很多的帮助。我们对他们表示热烈的欢迎。

毛泽东的开幕词很精彩，其中有毛泽东修改的功劳，更有田家英起草的辛苦。

（摘自《协商论坛》1999年第5期）

中共八大前后的刘少奇 /曾成贵

1955年，是中华人民共和国高歌猛进的一年。"一五"计划的实施日新月异，三大改造快马加鞭。从生产关系的角度讲，三大改造的基本完成，就意味着中国实现了向社会主义的过渡。

中国共产党人在建党之初就想搞社会主义，说对社会主义梦寐以求是毫不夸张的。人民也想搞社会主义，指望搞社会主义摆脱贫困，过上新生活。可是，社会主义是要比较发达的社会生产力作基础的。恰恰中国的社会生产力不发达，人口多，底子薄，最大特点是一穷二白。如何建设社会主义？这可是摆在中国共产党人面前的全新课题。

现在，必须为开展大规模的社会主义建设，制定一条正确的路线。自七大闭幕以来，已经有十年没有召开党的全国代表大会了，因此，适时召开中共八大，便提上了中共中央的议事日程。

1955年12月5日下午，包括在京的中央委员，中央党、政、军各部门负责人，各省、市负责人在内的100多名高级干部，参加了中央政治局在中南海西楼会议室召开的座谈会。

会议由刘少奇主持。他首先传达了毛泽东关于准备召开中共八大的指示。毛泽东提出：八大的中心思想是要反对右倾思想，反对保守主义，提早完成我国的社会主义工业化和社会主义改造，要保证15年同时争取15年以前超额完成。刘少奇说，全党都要为八大的召开作准备，迎接八大，把八大开好，把八大的准备工作同各地方、各部门的工作结合起来。

根据中共中央分工，刘少奇负责准备中央委员会向八大的政治报告。为写好这个报告，他在会上发出通知，将在最近分别找各部门的领导同志谈话。

只隔一天，汇报座谈就开始了。这是一个马拉松式的座谈，前后持续了几个月的时间。一天，薄一波向毛泽东汇报工作，偶然谈到刘少奇正在分别听各部门的汇报，毛泽东很感兴趣，说："这很好，我也想听听。"于是，薄一波为毛泽东组织了政府财经各部、委、办、局共34个单位汇报。这实际上就是一次调查，为毛泽东概括建设社会主义应处理好的十大关系作了重要准备。

刘少奇听的汇报是全面的，不仅有政府财经各部、委、办、局，还有政府文教口各部和中直机关，并参加了一部分毛泽东召集的汇报会。在听汇报过程中，刘少奇有许多即席谈话，阐述了建设社会主义的新观点、新思路。概括起来，主要有以下几个方面：

第一，关于满足人民需要。他提出，必须责成国营商业品种齐全，这是人民的需要。要不断增加花色品种，新花样很重要，不要以为搞时装就是资本主义。

第二，关于科学技术。他提出，要敏感地注意世界上最新的技术，向人家学最新的科学技术。要发挥科技人员的作用，多吸收一些专家参加部级领导，技术人员的工资可以高于部门或企业的领导人。在改造小业主时，一切好的人才都要保留下来。

第三，关于学习外国。他提出，搞社会主义，苏联的许多经验值得研究，但不能照抄照搬。要向苏联和新民主主义国家学习，也要向其他国家学习。新华社要学习塔斯社，也要学习资产阶级通讯社。

第四，关于利用资本主义。他提出，我们要把资产阶级的长处吸收过来。把全国商人中最有经验的人组织成为总公司的或地方商业厅顾问团或参事之类，一是发挥统一战线的作用；二是向他们学习。

第五，关于工业布局。他提出，在地域上，沿海不进行基本建设，但也不要限死，投资少、回收快、发挥潜力大的，还是可以搞；在门类上，搞机器工业不要把手工业打倒，要把轻工业的制造技术与手工业结合起来，不要抛弃本国传统基础。

第六，关于用工制度。他提出，今后新工人或学徒都应实行合同制，签订一年或两年的合同。过剩的劳动力应由国家负责，不能叫企业包下来。

第七，关于文化建设。他提出，要坚持"百花齐放，推陈出新"的方针，百花齐放，就允许并存，洋的土的都可以搞；出新不能勉强，搞戏剧改革不能犯急性病。

第八，关于法制建设。他提出，三大改造完成，革命形势起了根本变化，现在有可能也必须把法制健全起来。如果再不健全法制，就容易出毛病了。

这些思考当然是十分有益的。其中，不少内容与《论十大关系》有相通之处。这些探索社会主义的初步成果，是起草八大政治报告必要的思想准备和理论准备。

八大政治报告起草委员会由刘少奇、陈云、邓小平、王稼祥、胡乔木、陈伯达、陆定一组成。刘少奇不仅组织报告的起草，还亲自动手。毛泽东也亲自参加了八大文件的起草和修改工作。现存八大政治报告的各种修改稿有80多份，其中，经他修改过的就有21份。

可以说，八大政治报告是集体智慧的结晶，刘少奇与毛泽东往来的信件足足可以反映出这一点。

8月24日，他致信毛泽东，信中说：

"这是我写的关于无产阶级专政和统一战线的一段，下面还有民族问题和国家工作中的若干问题继续写。特先送上这一部分，请审阅，看是否可以这样写？"

当日，毛泽东批示：

"退少奇同志：此件已经看过一遍，改得很好。我又作了一些小的修改，请酌定。觉得文中还有一些重复拖累的地方，还可以删节一些，可待下月上旬去改。”

8月29日，刘少奇又致信毛泽东，说：

“昨天早起把以前写的稿子推翻了，所以这段稿子今天才写好，有四千七百多字。请审阅，看是否可以这样写？请看完后要高智通知我到主席处谈一谈如何修改这一大段的问题。前统一战线部分有些同志提出了修改意见，其中有些原则性的问题，要请示后才好修改。”

当日，毛泽东批示：

“退少奇同志：这一部分改得很好，字数不多，清爽好看。前一部分盼能迅速加以修改。今天晚上10时左右准备开书记处会议谈一些事。”

9月11日，毛泽东致信刘少奇，说：

“少奇同志：你和周总理的修改，都看了，都同意。我也改了一些，请看是否可以。如你同意这些修改，请令人将三个本子上的修改抄在一个本子上，并立即打清样，付翻译。”

这是一个反复推敲、精益求精的过程。9月13日，毛泽东在七届七中全会第三次会议上谈到八大文件的修改，他说，第一次推翻你的，第二次推翻他的，推翻过来推翻过去，这也说明我们是有民主。不管什么人，对事不对人。

1956年9月15日，中国共产党第八次全国代表大会在北京隆重开幕。

大会在新落成的政协礼堂举行，代表着全党1073万党员的1021名代表出席了大会。50多个外国共产党、工人党、劳动党、人民革命党代表，国内各民主党派和无党派民主人士的代表，应邀列席大会。

在代表们的热烈掌声中，毛泽东宣布中国共产党第八次全国代表大会开幕。他在开幕词中说：

“我们这次大会的任务是：总结从七次大会以来的经验，团结全党，团结国内外一切可能团结的力量，为了建设一个伟大的社会主义的中国而奋斗。”

毛泽东的讲话，震撼人心，全

场听众多次起立，33次报以热烈的掌声。在休息室里，许多人都说开幕词写得好，毛泽东说："开幕词是谁写的？是个年轻秀才写的，此人是田家英。"

毛泽东致开幕词后，刘少奇代表中央委员会向大会作政治报告。

这个报告分六个部分：党在过渡时期的总路线；社会主义改造；社会主义建设；国家的政治生活；国际关系；党的领导。刘少奇总结了中共七大以来特别是新中国成立以来社会主义改造和建设的经验，分析了国内阶级关系的变化，提出了党在社会主义建设时期的总方针和总任务。他说：

刘少奇在中共八大上作政治报告

我们党现时的任务，就是要依靠已经获得解放和已经组织起来的几亿劳动人民，团结国内外一切可能团结的力量，充分利用一切对我们有利的条件，尽可能迅速地把我国建设成为一个伟大的社会主义国家。……现在，革命的暴风雨时期已经过去了，新的生产关系已经建立起来，斗争的任务已经变为保护社会生产力的顺利发展，因此，斗争的方法也就必须跟着改变，完备的法制就是完全必要的了。

把保护和发展社会生产力作为社会主义的主要任务，这是一个科学的结论。说它是科学的，是因为这是社会主义的本质所要求的，是发展社会主义的唯一正确途径。遗憾的是，这个指导思想不久发生了变化，"以阶级斗争为纲"的指挥棒长期指挥着人们，社会主义生产力的发展受到严重阻碍。

刘少奇在七大关于修改党章的报告中第一次系统阐述了毛泽东思想的科学含义。1953年以来，毛泽东多次提出今后不要再用"毛泽东思想"这个提法，以免引起重大误解，并多次在有关文稿中删除"毛泽东思想"的字样。因此，刘少奇在八大的政治报告，没有再提"毛泽东思想"，但对毛泽东的功绩作了颂扬。他说：

"我们党的领袖毛泽东同志所以在我们的革命事业中起了伟大舵手的作用，所以在全党和全国人民中享有崇高的威信，不但是因为他善于把马克思列宁主义的普遍真理同中国革命的具体实践结合起来，而且是因为他坚决地信任群众的力量和智慧，倡导党的工作中的群众路线，坚持党的民主原则和集体领导原则。"

在以后几天，周恩来作了《关于发展国民经济的第二个五年计划的建设的报告》，邓小平作了《关于修改党的章程的报告》，朱德、陈云、董必武等作了重要发言。

9月26日，大会选出97名中央委员、73名候补中央委员。27日，大会通过了新党章和关于政治报告的决议等文件以后，胜利闭幕。

接着，召开中共八届一中全会，选举中共中央领导人。

开始酝酿中央领导机构和人选的时候，准备设中央主席、副主席各一人，拟由毛泽东任主席，刘少奇任副主席。刘少奇提议多设几个副主席。他这个意见被采纳了。毛泽东在七届七中全会第三次会议上介绍了这个情况。他说：

党章上现在准备修改，叫做"设副主席若干人"。首先倡议设

林伯渠、朱德、邓小平、董必武（左起）在大会休息室交谈

四位副主席的是少奇同志。一个主席、一个副主席，少奇同志感到孤单，我也感到孤单。一个主席，又有四个副主席，还有一个总书记，我这个“防风林”就有几道。“天有不测风云，人有旦夕祸福”，这样就比较好办。

9月28日，召开八届一中全会。选举了17名中央政治局委员，六名政治局候补委员。选举毛泽东为中央委员会主席，刘少奇、周恩来、朱德、陈云为副主席，邓小平为总书记，他们六人组成中央政治局常委会。

进入了社会主义，国内的阶级敌人被打倒了，还有没有矛盾？是什么性质的？如何正确处理？这又是新问题。1956年，东欧社会主义国家发生了波匈事件，促使中国共产党的领导人认真思考这个问题。

1956年6月28日，波兰波兹南市发生了工人罢工、游行示威和骚乱。10月下旬到11月上旬，匈牙利布达佩斯等地相继发生罢工、游行示威和骚乱，而且很快演变成反对政府的骚乱。导致波匈事件的根本原因，是两国执政党没有正确处理敌我矛盾和人民内部矛盾。这方面的问题，在东欧国家中比较普遍地存在着。因此，匈牙利事件发生后，整个东欧的局势顿时紧张起来，担心产生多米诺骨牌效应。

中共中央对波匈事件高度注意。10月22日、23日，毛泽东都是在凌晨1时许紧急约见苏联驻华大使尤金，讨论波匈事件，刘少奇在座。本月21日到11月9日20天的时间中，政治局和政治局常委为此连续召开十三四次扩大会议。

10月23日，应苏共中央的要求，刘少奇率中共代表团到达莫斯科，同他们商讨处理波匈事件的办法。代表团成员有邓小平、王稼祥。当天，刘少奇一行就到克里姆林宫同赫鲁晓夫交换了意见。24日、26日，两次列席苏共中央主席团会议。29日、30日，又同赫鲁晓夫、莫洛托夫、布尔加宁等苏共中央领导人会谈。31日晚，离莫斯科回国。

社会主义国家和人民群众的根本利益是完全一致的。可是，群众和政府的矛盾为什么会以如此尖锐对抗的形式出现呢？

在11月10日至15日举行的八届二中全会上，刘少奇报告了最近访问苏联，就波匈事件等问题同苏共领导人会谈的情况，谈到了他就这个问题的思考。他说：

为了把我们的工作做好，要特别注意一个问题，就是我们党的以及我们国家的领导机关和领导人员，无论如何也不要脱离工农劳动群众。这是一个根本问题。……我个人想了想，昨天在政治局常委会上也谈了一下，对这个问题，我们要采取一些办法，采取一些措施，要提起注意，在党内、在人民中间进行教育。此外，还要规定一些必要的制度，使我们这个国家发展下去，将来不至于产生一种特殊阶层，站在人民头上，脱离人民。

刘少奇强调要从波匈事件中吸取几点教训：第一，要重视发展农业和轻工业，关心人民的生活，不能片面强调发展重工业；第二，要扩大社会主义民主，反对干部中的官僚主义、特权思想；第三，要限制领导人的权力，加强对领导人的监督。

不久，中共中央召开各省、市、自治区党委组织部长会议，刘少奇再次提出反对脱离群众，反对官僚主义，要求组织部门首先把几十万干部管好。

1957年1月18日至27日，中共中央召开了各省、市、自治区党委书记会议，毛泽东在会上分析了社会主义改造基本完成以后，国内存在的人民内部矛盾和阶级矛盾，指出怎样处理这两类不同性质的矛盾，值得很好地研究。他号召各级领导干部走出机关，到下面去研究这些现实问题。

从1956年下半年起，中国的人民内部矛盾也逐步突出起来，一些地区接连出现不安定的苗头。据不完全统计，9月开始的半年中，全国发生数十起罢工、请愿事件，涉及上万人，每起少则十多人，多则一二百人，更多的有近千人；几十个城市发生大中学校学生罢课、请愿事件，也是上万人；农村则连续发生闹社风潮。如何具体地正确解决这些问题，的确需要从调查研究入手。

刘少奇决定从全国总工会、共青团中央和教育部抽出一些同志，组成调查组，亲自带出去搞一次社会调查。

2月28日，调查组离京南下。

刘少奇同调查组成员谈这次出行的指导思想，说：

“由于我们是领导党，什么事情办不好，群众就会怪在我们身上。群众怪我们的原因有两条：一是我们有官僚主义；二是我们的政策有错误。当然，某些情况下，可能有敌我矛盾。”他接着说，“有些地方发生了工人、农民、学生闹事。对于闹事者我们的政策不能高压，也不是退让，而是采取说服教育的办法。要求正确就接受，不正确就解释和批评。不要把提意见、告状看作闹事，群众多说话是民主积极性的表现。”

整个调查的日程是这样的：

河北：2月18日，保定。22日，石家庄、栾城。26日，邯郸。27日，峰峰煤矿。

河南：2月28日，新乡。3月1日，郑州。5日，许昌。

湖北：3月7日，武汉。18日，咸宁。

湖南：3月18日，岳阳。19日，长沙。25日，株洲。28日，衡阳。

广东：3月29日，广州。

4月11日，沿原路返回，14日抵京。途经长沙、武汉、郑州、保定，均作短暂停留，同当地省委主要负责同志谈话。

刘少奇每到一省，必先同当地省委主要负责同志座谈，到一市，则同当地地委、市委，有时包括邻近地、市委和若干县委的主要负责同志座谈。沿途视察了工厂、农村、学校、重点建设工程，举行多方面的座谈会，广泛地接触，了解实际。

通过这次调查，刘少奇感到群众中反映出来的带普遍性的问题，主要是四个：一是中小学生毕业升不了学，相当多的学生毕业后没有书读，没有工作做；二是农民生活苦，农村和城市生活水平悬殊；三是城市职工住房、宿舍不够；四是猪肉等副食品供应紧张。

刘少奇在听汇报和座谈中，对实践中出现的这些问题，逐步形成了解决的意见。他在一些座谈会上，有针对性地发表了讲话，提出应鼓励和组织中小学校毕业生参加农业生产；建立两种教育制度和两种劳动制度，实行半工半读，可以多种形式办学；住房建设应实行多样化，试行房屋合作社，私建公助；国营商业要努力满足群众的需要，允许自由市场存在，使经济计划更完善，具有多样性；要研究工人的铁饭碗问题，应该允许工厂解雇。

这些讲话不久便形成文章，公开问世了。其中，在长沙中学生代表座谈会上的讲话，经整理后作为《人民日报》社论发表；沿途在各地关于勤工俭学的讲话，经整理后作为《中国青年报》社论发表。

群众中反映的各种问题，就其本质而言，都是人民内部矛盾的表现。在调查中，刘少奇多次讲到要正确处理人民内部矛盾。

3月24日，刘少奇在湖南省干部会议上提出：在社会主义制度下，生产力和生产关系的矛盾主要表现在分配问题上，经济基础和上层建筑的矛盾主要表现为领导的主观主义、官僚主义和宗派主义错误，这些都属于人民内部矛盾，现在人民内部矛盾已经成为国内的主要矛盾。他说：

现在几乎全国所有的闹事都是为了经济性质的切身利益，至于带有政治目的的罢工罢课、游行示威恐怕不容易发生……我建议省委、市委及各个部门每年专门地向他们征求两次意见，让人家把所有的问题提出来，无非是提出几百条几千条，归纳起来也就是那么几类问题，还是有头绪的。征求了意见后，能够解决的就解决，不能解决的就加以交代，解释清楚，答复人家，看这样好不好？不然有意见没地方提，问题积累在那里，总有一天火山爆发……

群众起来闹事，都有这样一个过程：先是说闲话，乱七八糟讲，自由主义；然后就正式提意见或派代表交涉；如达不到目的就开会向北京告状，向《人民日报》写信，出墙报；再达不到目的最后就大民主，罢工、罢课、游行示威。我们的官僚主义就是不注意小民主，经过了这么几个阶段还不理解，非等到大民主来了才不得不做工作解决问题。我看说闲话是最好解决问题的阶段。不要怕闲话，让他们讲，不要批评、责备、禁止讲闲话，它就是社会舆论嘛。

4月15日，苏联最高苏维埃主席团主席克·叶·伏罗希洛夫到访，刘少奇出面接待并全程陪同。陪同伏罗希洛夫访问上海期间，4月27日，在中共上海市委召开的党员干部大会上作了《如何正确处理人民内部矛盾》的讲话。这个讲话把他在调查期间关于这方面的思考，进一步系统化、理论化。

他指出：国内主要的阶级矛盾已经基本上结束了，或者说基本上解决了，人民内部的矛盾已成为主要的矛盾。人民内部矛盾一般讲来基本上是非对抗性的矛盾，不能采取处理对抗性矛盾那样的方法。人民内部矛盾大量地表现在领导上的官僚主义与人民群众的矛盾这个问题上，还特别表现在分配问题上。

这时候，毛泽东已于2月27日在最高国务会议第十一次（扩大）会议上发表了《如何处理人民内部的矛盾》的讲话，讲了12个问题，5月7日在第一次修改稿上把题目定为《关于正确处理人民内部矛盾的问题》，6月19日公开发表。

刘少奇的讲话，体现了毛泽东讲话的基本精神，基本观点是一致的。不过，刘少奇重视从经济上寻找人民内部产生矛盾的原因和解决的办法。他认为当前群众闹事的性质主要是经济上的，官僚主义和分配不合理是两个主要的突破口，缺少多样性、灵活性的计划经济是造成人民内部矛盾的原因之一。

（摘自《湖北文史》2003年第12期）

邓小平与中共八大的筹备 /张金才

中共八大是党的历史上一次十分重要的会议。作为当时的中共中央秘书长，邓小平承担了筹备八大的重任，做了大量卓有成效的工作。

具体负责八大的筹备工作

1955年3月31日，毛泽东在全国党代表会议的讲话中，代表中共中央宣布了1956年下半年召开八大的决定，要求1956年7月前完成代表的选举和文件的准备工作。会议结束后，八大的各项准备工作随即开始。邓小平作为当时的中共中央秘书长，具体负责八大的筹备工作，从确定八大报告起草人到处理各种文件，从讨论八大代表选举问题到提名八届中央委员和中央候补委员候选人，从审改大会发言稿到提出发言要求，其间大小事宜，邓小平几乎都参与决策和讨论。

（一）关于大会文件

筹备八大最重要的工作是准备大会报告。1955年4月21日，邓小平将草拟的八大政治报告起草委员会名单和修改党章、修改党章报告起草委员会名单报送毛泽东。毛泽东很快批示，要求提交政治局会议讨论。5月12日，中央政治局会议通过了这两个名单。政治报告起草委员会由刘少奇、陈云、邓小平、王稼祥、陆定一、胡乔木、陈伯达七人组成。修改党章和修改党章报告起草委员会由邓小平、杨尚昆、安子文、刘澜涛、宋任穷、李雪峰、马明方、谭震林、胡乔木九人组成。

在筹备过程中，邓小平承担了大量起草、审改和宣讲各种文件的工作。1956年8月15日，邓小平起草了中共中央《关于党的第八次代表大会的通知》。作为八大的主要筹备人，邓小平担负着大会及会议文件的宣传解释工作。根据毛泽东"由邓小平同志报告第八次党〈代〉大会问题决议的意义和内容"的提议，邓小平数次在中央全会上对八大相关文件作解释和说明。他的说明深入浅出，言简意赅，完整准确地表达了中央的意图，深受与会人员的欢迎，也得到毛泽东的赞赏。1955年9月18日，毛泽东在邓小平起草的《关于召开第八次党的全国代表大会的决议草案的说明》上满意地批道："我认为可以照这样去讲，只改了几个字。"按照这一批示，10月4日，邓小平在中共七届六中全会（扩大）上作了该说明，着重对八大与七大间隔时间较长的原因及八大的酝酿过程等作了解释，收到很好的效果。1956年8月22日，在中共七届七中全会第一次会议上，邓小平代表中央政治局对提交会议讨论的《八大日程草案》等六个文件作了说明。8月30日，在八大预备会议第一次会议上，又就这六个文件向大会作了说明。

邓小平还十分注重宣传的政策和策略。1956年8月23日，他在审改中共中央《关于党的第八次全国代表大会宣传报道工作的通知》时加写：各国代表团到达和离开我国时，"一律不发个别的消息，只在代表团到齐的时候和他们大都离开的时候，发两次简要的综合消息"。同时就对外国代表团的宣传报道批示："不能专对少数人扩大宣传，这样容易得罪多数人。而且这次来的头头很多，也很难突出某些个人。"

（二）关于大会选举

召开八大，首先要选举会议代表。八大的一项重要议程是选举新的中央委员会，因此在筹备阶段要产生八届中央委员、中央候补委员候选人名单。这两项选举工作都是在邓小平的组织下进行的。

1955年10月4日，邓小平在中共七届六中全会（扩大）上，对全会通过的《关于党的第八次全国代表大会代表名额和选举办法的规定》作了解释。1956年1月18日，邓小平主持召开省、市、自治区党委书记会议，讨论八大代表名额的安排等问题。3月23日，主持召开中共中央秘书长会议，讨论八大代表选举问题。4月24日，再次主持召开中共中央秘书长会议，讨论中共八大代表名单。5月11日、12日、18日，又连续主持召开中共中央秘书长会议，讨论中央机关出席八大的代表候选人问题。5月13日，在审改中共中央《关于八大代表候选人名单问题》给各地的电报时，加写：“代表大会必须对所有候选人加以郑重的审查，对于不适当的候选人，应加以变动”，对代表资格审查提出了严格要求。

毛泽东、刘少奇、周恩来、邓小平在填写选举中央委员、中央候补委员的选票

筹备八大最早着手的工作是拟定中央委员和中央候补委员候选人名单。这是大会筹备的重要工作，中央高度重视。据李雪峰回忆，这项工作“就是由小平同志和一些老同志负责，先从6个大区和军队的领导同志中选，大家可以随便提，提了约400人，比较全面”。1956年7月30日，中央政治局会议决定成立一个专门委员会，负责研究八大的选举问题和中央领导机构设置方案，并指定陈云和邓小平为委员会的召集人。8月4日、6日和10日，邓小平召集专门委员会会议，讨论八大选举等问题。在集思广益并深入讨论的基础上，邓小平于8月22日的七届七中全会第一次会议上提出对中央委员和中央候补委员选举工作的建议：第一步，由各代表团提出一个名单，中央不先提名，大会主席团也不先提名单。第二步，各代表团提出名单后，由中央政治局和各代表团正副团长负责把各代表团提出的名单加以整理、研究，确定包括正式委员与候补委员在内的选举名额和预选名单，然后各代表团讨论酝酿，进行预选。第三步，各代表团预选的结果交政治局，由政治局和代表团正副团长共同研究，确定正式委员和候补委员的具体名额及其提名。邓小平的设想经中央政治局讨论通过后，随即付诸实施，得到与会代表的高度认同，也使整个会议充满民主气氛。受此启发，9月28日，八届一中全会选举中央政治局委员和政治局候补委员时，也借鉴了这一方式，表明中央对邓小平工作的充分肯定。

（三）关于大会发言

代表发言不是八大的主要议程，却是大会的重要内容。作为八大筹备工作负责人，邓小平精心组织代表准备大会发言，亲自审改代表发言稿，并提出具体意见。

据《邓小平年谱（1904—1974）》记载，罗瑞卿、谭震林、徐向前、彭真、邓颖超、刘澜涛等人的发言稿曾由邓小平审阅或修改。1956年9月3日，在审阅罗瑞卿的发言稿《关于我国肃反斗争的主要情况和执行党在肃反斗争中的正确路线的若干经验》时，批示：对反革命活动，帝国主义、国民党还不断派特务进来，须举一二例子（每个例子一两句话）。并建议他把发言稿直接送毛泽东看看。9月12日，审改谭震林发言稿时，建议他最好对有关段落改写一下，并于16日再次审改谭震林修改后的发言稿。彭真准备的发言稿《关于革命胜利后的群众路线问题》，前半部分强调执政党需要高度注意群众路线和实事求是的作风，后半部分针对苏共二十大揭露斯大林晚年的错误问题，阐述了正确对待革命领袖和反对个人崇拜问题。9月17日，邓小平审阅彭真发言稿时，在肯定“这是一个好的发言”的同时，指出后一部分“分寸是否恰当，就要多找几个人斟酌才行”。建议他先请陈伯达看，后送刘少奇审定，“可能的话，请主席看看”；并提出后一部分“可以概括一点说，文字上也可得到缩短”。这些意见对于提高发言稿的质量和水平，保证正确的政治方向，具有重要的指导意义。

在七届七中全会和八大预备会议上，邓小平对大会发言提出了具体要求，指出：八大大会发言要精彩、生动、多样性，还要短。要有人讲一讲主观主义，有人讲一讲宗派主义。关于发言内容，邓小平提出要表现会议是在讨论建设这个重点；关于发言时间，一般不超过20分钟；关于发言人数，他提出要争取比较多的人发言，准备120篇以上的发言稿，选百把篇，准备讲80篇以上，在报上登一二十篇。

在邓小平的组织下，整个会议期间有68人作了大会发言，45人作了书面发言。这些发言者既有中央领导，也有各地区、各部门的负责人，还有来自基层党组织的负责人或普通党员。发言人数之多、代表面之广，在党的历次代表大会上都是少见的，体现出代表们高度的政治热情和会议空前的民主气氛。

主持修改党章和起草修改党章报告

修改党章和起草修改党章的报告是八大筹备工作的一项重要内容，这项工作是在邓小平主持下进行的。

党章的修改工作，邓小平一直抓得很紧。据李雪峰回忆："党章初稿于1955年10月20日完成后，小平同志就批示分发给我们再进行修改。1956年2月，他赴莫斯科参加苏共20大前夕，还在中南海西楼会议室主持召开会议讨论修改党章报告问题。4月初，他又多次主持会议，讨论修改党章问题。当各种意见讨论得差不多时，毛泽东同志于4月下旬主持召开中央政治局会议，讨论修改党章。"

4月28日，毛泽东在中央政治局扩大会议的总结讲话里，专门谈到修改党章问题。他说："中央究竟是设一个副主席还是设几个副主席，也请你们讨论。少奇同志提出设几个副主席，现在的这个党章草案上是说设一个副主席。还有，是否可以仿照人民

大会代表一致举手通过《中国共产党章程》

代表大会的办法，设党的常任代表。”“是不是可以考虑采用这个办法，比如五年一任。这还没有写到党章草案上去，提出来请大家考虑，看是否可以。”

毛泽东的这些意见，很快被吸收到党章修改稿里。5月28日，邓小平起草中共中央《关于印发党章修改稿交各地方、各单位讨论的通知》，将党的全国代表大会的代表实行常任制和增设几个中央副主席、设立另外性质的书记处等问题，提请各地党委主要负责人讨论，《通知》指出：“在党章修改稿中，有两个问题请你们特别注意：（一）修改稿中规定全国代表大会和地方各级代表大会采用常任制度，并且规定各级代表大会每年开会一次。这是一个重大的改变，请你们考虑这种制度是否适当。（二）……关于中央机构问题，曾考虑到两种形式。一种是保持原来性质的书记处，增设一个副主席或者不设副主席；一种是不设原来性质的书记处，增设几个副主席，并且设立另外性质的书记处或者其他名义的组织。请你们考虑哪一种形式较好。”

两个多月后，党章起草委员会在收集各省、市、自治区党委和中央各部委党组、党委的意见后，形成新的党章修改稿。8月5日，邓小平向毛泽东报送中央领导机构设置方案即党章第37条草案，该条为：“党的中央委员会全体会议选举中央政治局、中央政治局的常务委员会和中央书记处，并且选举中央委员会主席一人、副主席若干人。”毛泽东审阅该条时，在“副主席若干人”后加写了“和总书记一人”六个字。邓小平按照毛泽东的意见，对党章修改稿作了修改，准备提交八大讨论通过。

修改党章和起草修改党章的报告这两项工作是穿插进行的。邓小平在主持修改党章的同时，对起草修改党章的报告也十分重视。

1956年7月23日，胡乔木完成《关于修改党章的报告（初草）》

前四部分，邓小平收到后作了不少修改，改动较多的是第一部分。在这一部分，邓小平加写了“现在国家的情况和党的组织情况都同七大的时候有了显著的不同”，“从七次大会到现在的十一年中，我们国家经历了天翻地覆的伟大变革”，“七年来，我国的社会主义建设的各方面，都已经取得了巨大的成绩”，“党员的数目比第七次大会的时候差不多增加了十倍，比一九四九年全国胜利的时候也差不多增加了三倍，而且绝大多数党员都在各级国家机关、经济组织和人民团体中担负了一定的工作。这些情况，要求我们十分注意加强党的组织工作和对于党员的教育工作”等内容。此外，对第三部分，邓小平也作了不少修改。在这部分中加写了“我们党内时常出现这样的干部，他们在自己的工作岗位上，十分爱好自成系统，自成局面，政治上自由行动，不喜欢党的领导和监督，不尊重中央和上级的决定”等内容。

8月11日，胡乔木起草出后两部分，续完全稿，共六部分。邓小平又对报告第一部分补写了重要内容，指出了党所处历史环境的变化，以及由此引发的党组织出现的新矛盾新问题、党的建设的总任务等问题。这一部分虽然只有约1700字，但可以说是整个报告的纲。在报告的第二部分，邓小平还补充列举了在党的组织和国家机关工作人员中存在的形形色色的官僚主义倾向。

修改之后，8月27日，邓小平把《关于修改党的章程的报告（修改稿）》提交起草委员会集体修改。当日，邓小平嘱杨尚昆将该稿送毛泽东审阅。毛泽东连夜进行了修改，并批示“此件看了一遍，觉得大体可用。作了一些小的修改，请你们酌定。第23页上批了一点建议修改的意见，请考虑。”

毛泽东所作的修改主要有两处：一处是在报告第一部分的第一段，“这个草案，同第七次大会所通过的党章比较起来，并没有根本原则上的不同，但是，在具体内容上却有了很多的改变”之后，加写了“其中包含一些带有原则性的改变”14个字；另一处是在报告倒数第四段分析党胜利的原因时，在“要归功于人民群众对于我们的信任和支持，要归功于全体党员的艰苦奋斗”前面，加写了“首先和最主要地”七个字。这两处修改意见，在邓小平1956年9月16日向八大所作的《关于修改党的章程的报告》中都采纳了。

《关于修改党的章程的报告（修改稿）》第23页在论述党内民主并未因党的代表大会和代表会议开得不经常而受到影响的理由时，列举了一系列重要会议。毛泽东在这段文字旁批了两条意见：一条是“1955年三月的全国代表会议应在此处提出”；另一条是“没有说1953年的财经会议和粮食统购统销会议，也没有说1949年的扩大的二中会议”。邓小平据此又加写了这四次会议。

邓小平主持起草的《关于修改党的章程的报告》，分析了党在执政情况下面临的种种新考验，突出地提出反对官僚主义和骄傲自满情绪的问题，认为它必然会发展成为主观主义和宗派主义。报告还要求坚持党的集体领导，反对个人崇拜；重视党内思想教育，提高全党的马列主义思想水平；坚持全心全意为人民服务的宗旨；发扬党的实事求是、群众路线的优良传统；发展党内民主生活，健全党的民主集中制；加强对党的组织和党员的监督，维护党的团结和统一。这些重要思想提出了在全面执政情况下加强党的建设的主要方针，奠定了社会主义建设时期党的建设的理论基础。

参与八大政治报告的起草、讨论和修改工作

八大筹备工作的重中之重是起草政治报告。邓小平参加了政治报告的起草、讨论和修改工作。据李雪峰回忆：“由于大家的努力，修改党章报告完成得比较早，后来他（指邓小平——引者注）又将精力集中到起草政治报告上去了。”

八大政治报告的起草和修改历经一年零四个月，各种修改稿有80多份，大的修改有五次。作为八大政治报告起草委员会成员，邓小平自始至终参加了报告的起草、讨论和修改工作。

最早的稿子是1955年12月写出的，由起草委员会成员陈伯达起草。刘少奇于12月15日批示，印送毛泽东、周恩来、朱德、陈云、彭真、邓小平等26人审阅修改。这个稿子到下一个修改稿，中间经过了七个月时间。从1956年6月底开始，八大政治报告进入具体起草阶段。6月30日，刘少奇召集陈云、邓小平等开会，布置报告的起草工作。7月初，八大政治报告第一个修改稿写出。刘少奇批示杨尚昆："此件请印发。发给名单请同小平同志确定。"

八大政治报告的起草是在毛泽东直接领导下进行的。从7月初到八大召开前夕，毛泽东先后主持了19次中共中央政治局会议、八大政治报告起草委员会会议和少数有关人员参加的会议，讨论八大政治报告。邓小平参加了这些会议。

1956年7月6日至14日，邓小平多次参加毛泽东召集的八大政治报告起草委员会会议，讨论报告起草问题。15日和19日，毛泽东又主持召开中央政治局扩大会议，继续讨论，邓小平均参加。7月23日，毛泽东、刘少奇、邓小平等移住北戴河，继续商讨中共八大主要文件的修改。在北戴河近一个月里，毛泽东先后主持召开中央政治局会议和两个报告的起草委员会会议，对政治报告等文件进行仔细推敲和认真修改，还常常同刘少奇、周恩来、邓小平等人交换意见。7月27日，邓小平参加毛泽东召集的八大政治报告起草委员会会议，讨论八大政治报告初稿的修改问题。8月10日，又出席毛泽东主持召开的中央政治局扩大会议，讨论八大政治报告初稿。8月11日，毛泽东约刘少奇、邓小平等七人谈八大政治报告修改问题。8月12日，邓小平参加毛泽东召集的修改八大政治报告初稿讨论会。8月21日，又和刘少奇等在毛泽东处开会，谈八大政治报告稿问题。8月29日、31日，邓小平参加毛泽东召集的中央书记处书记、八大政治报告起草委员会委员和八大各代表团团长会议，讨论八大各项报告。9月7日，又参加毛泽东主持召开的中央书记处书记会议，讨论八大政治报告稿的修改等问题。

此外，邓小平还于1956年8月11日参加刘少奇召集的修改八大政治报告初稿讨论会，并于8月13日在北戴河召集有关人员开会，讨论八大政治报告初稿。

八大政治报告重点是经济建设，这一点无论是毛泽东，还是刘少奇、周恩来、邓小平等其他中央领导人，认识上都是一致的。1956年8月22日召开的中共七届七中全会第一次会议上，邓小平在谈到八大议题与发言安排时，建议把国家经济建设作为八大政治报告讨论的重点。毛泽东接过邓小平的话说："这一次重点是建设，有国内外形势，有社会主义改造，有建设，有人民民主专政，有党，报告里面有这么几个大题目，都可以讲。但是重点是两个，一个是社会主义改造，一个是经济建设。这两个重点中，主要还是在建设，占这个报告的主要部分，三万字中有三分之一是在讲建设。"

经过周密筹备，中共八大于1956年9月15日至27日在北京隆重举行，这是中国共产党历史上一次空前的盛会，开得非常成功。八大在历史转折时期宣告了社会主义革命的基本完成和社会主义制度的基本确立，宣告了社会主义全面建设新时期的开始，为党制定了一条正确的政治路线，具有划时代的意义。大会的成功召开，与邓小平为会议所作的筹备工作和付出的艰辛劳动是分不开的。

（节录自《党的文献》2012年第2期）

党的八大与改革开放 /林炎志

党的八大有自己特殊的历史地位。它既总结了历史，肯定了成绩，又提出了问题，设想了方向。这些设想为十一届三中全会作了思想准备，为改革开放的迅速开展、顺利发展储备了理论武器。

首先，八大对"一化三改"的正确总结与肯定，不仅使我党20多年后开始搞改革开放能够有四项基本原则做底线，没有出现历史性的反复或曲折，而且使我党从原来建国后要搞相当一段时间的新民主主义的设想转入了搞社会主义的设计，并且在全党取得了基本共识。这个基本共识一方面来自我们"一化三改"搞得比较成功；另一方面来自我党总结认识得比较准确，比较实事求是。通过第一个五年计划，我党已经认识到工业化与社会主义的内在联系，同时，八大前后全党对社会主义的认识和实践有了一个较大的进步，有了这个共识非常重要。这对提高我党的马克思主义水平、发展我党的历史先进性有非常重要的意义：它使得我党能够经过改革开放站在人类社会发展必由之路的最前沿；具有了领先于很多现代发达国家的潜力。这是社会主义制度创造的空间。

可以说，从实践上，从具体路径和政策上，我党搞社会主义的决心、信心自八大始。之后，实行了人民公社化，尽管人民公社化在管理上过"左"了，但人民公社化把土地集体化了，中国农村十几亿亩的土地实行了公有制。这实在是一件世界级的大事。通过改革开放，我们可以看到，土地公有化给我们现在和今后的发展提供了诸多有利条件：(1)给招商引资提供了大批的原始积累；(2)给土地资源要素市场化提供了极大的自由度；(3)给我国后来的大规模基本建设、基础设施建设提供了科学规划、调整分布结构的自由度，并且极大地降低了成本。改革开放后，我们充分认识到，土地是一种非常特殊的资本要素，其特殊性、重要性在各种资本要素中仅次于"人"。

八大前后的社会主义改造，尤其对土地所有权的改造奠定了国家社会主义制度性质的基础。这是八大对改革开放的贡献之一。

八大对改革开放的贡献之二，就是将经济发展作为首要任务，提出了重心转变。

党的八大决议中指出："我们国内的主要矛盾，已经是人民对于建立先进的工业国的要求同落后的农业国的现实之间的矛盾，已经是人民对于经济文化迅速发展的需要同当前经济文化不能满足人民需要的状况之间的矛盾。这一矛盾的实质，在我国社会主义制度已经建立的情况下，也就是先进的社会主义制度同落后的社会生产力之间的矛盾。"提出这个概念比概念本身还重要，这是八大的一个伟大贡献。

这个认识在当时是相对正确的，它的正确性引发了八大之后经济建设健康发展的那些成就，引出了"文化大革命"结束后改革开放的启动、发展，也引出了对它否定性的思考与实践。毛泽东最先敏锐地察觉到这一命题与绝对真理之间的距离。他说："我们又犯了错误。'八大'决议关于先进的社会制度和落后的生产力之间的矛盾的提法，理论上是不正确的。……这是一个错误，怎样纠正请大家想想办法。"什么是对的命题，毛泽东当时也没有回答。在

"社会主义市场经济"概念提出之前,我们没有实践的经验正确认识这个问题。现在经过二十几年改革开放,有了一点认识。

"人民需要与落后生产之间的矛盾"无论是八大时,还是新时期,都很难具备社会主要矛盾的功能。因为从社会生产发展的无限性看,"人民需要"与"落后生产"之间的矛盾具有永恒的特点。不管什么社会形态、什么历史阶段,"人民需要"从愿望上讲都是无限增长的。不管什么历史时期,处于发展中的生产力总具有前进性,永远需要提高。矛盾之所以是矛盾,在于矛盾的双方天然存在着某种反对对方的自发性(本质的冲动)。生产的进步,并不反对人民群众物质文化需要的日益增长,人民群众的物质文化需要更不反对生产的发展,两者的动态指向是协调关系,不是对立统一关系。而且,更关键的一点,"要求"和"需要"也难以构成社会发展的根本推动力量。"落后"可能隐含着速度矛盾。但是相对落后是比较而言,不是事物内部固有的自发性矛盾倾向。胡绳认为,毛主席后来反对主要矛盾的这个提法,其重要理由之一,就是认为落后与否只能是一种相对的比较。来自数量的矛盾不能放在有性质规定的矛盾位置上。从概念上看,原来的表述也有欠准确之处。"落后的社会生产"固然有人的落后,但这里更多地被理解为物的落后——生产装备和技术的落后。社会矛盾不应是人与物的矛盾。更重要的概念问题在于"人民群众日益增长的物质文化需要"不是一个与"生产力"有同样基础地位的概念。一个缺少客观一致性的概念不可能引导一个大党的队伍自觉地去认识和解决纷繁的社会具体矛盾。这个关于主要矛盾的定义主观主义色彩太重、行政性计划经济的短缺历史背景影响太重,往往容易从这里引出"左"或右的判断来。主要矛盾应该是社会性的,而不仅仅是自然性的。在这个表述中,生产关系不易找到位置,"需要"与"落后"很难与生产方式的结构沟通。这种表述自身的缺陷和“破绽”，是这种认识很轻易地被“以阶级斗争为纲”所替代的一个内在原因。

和平执政与军事夺权这两种革命时期的主要矛盾与中心任务的“联系”有着本质的不同。应该看到，执政革命党产生中心任务的原因和渠道要比非执政革命党复杂得多、广泛得多。因为执政革命党居于基本矛盾的主要方面，非执政革命党处于非主要地位。在资本主义国家，非执政党解决社会主要矛盾的革命方式必定是“打碎”现有关系，才能使自己真正居于基本矛盾的主要方面。这时，主要矛盾与中心任务是直接同一的。而执政党由于身处调控社会运行的核心地位，其产生中心工作、主要任务的因素就广泛得多，中心工作与主要矛盾的联系就不一定非常直接，大多时候主要矛盾是以间接的形式表现出来，方式也以驾驭和调控为主，不是要“打碎”主要矛盾，而是要利用主要矛盾，目的是使社会均衡运行，维持现存关系。经济建设是我党目前的中心工作，现代化发展是我党的首要历史任务。这个工作任务来自历史的种种客观要求——时代的规定性、人民群众的要求、国情的要求，也来自社会基本矛盾向前运动的要求。但工作任务本身毕竟是主观性质的。我们不能把我们的中心工作、首要任务简单、直接地当成社会主要矛盾，或者一提到解决矛盾就以为仅仅是“斗争”“打碎”“为纲”的思路，其实这些怕面对矛盾的误解都是没有完成到执政意识的转变，是不当家的心理在作祟，是不会调控、不善于利用矛盾达到均衡运行的表现。我们应该利用社会主要矛盾去完成工作任务，而不是根据中心任务编制出一种说法套在客观社会头上。

我们不能因为害怕回到“以阶级斗争为纲”上就不去研究八大提法的局限性。任何真理的相对性、认识的局限性都是相对真理逼近绝对真理的起点，是认识前进的起点，也是谬误侵入的弱点。主要矛盾的转换引出了党和全国人民的当前的主要任务的转换，那就是要集中力量来解决这个矛盾，把我国尽快地从落后的农业国变为先进的工业国，由解放生产力变为保护和发展生产力。

八大对改革开放的贡献之三，就是对"自由市场"的尊重。

八大提出自由市场是国家市场的必要补充，这实际上是接受"市场经济"思想的滥殇（"消灭了资本主义，又搞资本主义"）。"消灭——又搞"论是"驾驭"概念，是否定之否定概念。陈云的"三个为主，三个为补充"思想后来发展为改革开放中的有计划的商品经济和社会主义市场经济的概念。我们近些年的体会是社会主义市场经济概念并没有完全排斥和取代有计划的商品经济概念。

陈云是最早意识到搞活市场是社会主义经济的一条重要的生命线，需要超出官商的单一路径，闯出一条繁荣市场、搞活经济的新路。陈云提出了"三个主体""三个补充"的主张，即"在工商业经营方面，国家经营和集体经营是工商业的主体，但是附有一定数量的个体经营。这种个体经营是国家经营和集体经营的补充。至于生产计划方面，全国工农业产品的主要部分是按照计划生产的，但是同时有一部分产品是按照市场变化而在国家计划许可范围内自由生产的。计划生产是工农业生产的主体，按照市场变化而在国家计划许可范围内的自由生产是计划生产的补充。因此，我国的市场，绝不是资本主义的自由市场，而是社会主义的统一市场。在社会主义的统一市场里，国家市场是它的主体，但是附有一定范围内国家领导的自由市场。这种自由市场，是在国家领导之下，作为国家市场的补充，因而它是社会主义统一市场的组成部分。"陈云独特的"鸟笼经济论"的基本思想"宏观经济上用计划管住，微观经济上用市场搞活"就是由此萌发的。

"必要补充"思想是中共第一代领导集体结合中国国情对苏

李济深代表国内各民主党派和无党派民主人士向中共八大致祝词

联模式进行反思，坚持而又发展马克思主义的必然结论。毛泽东在1956年12月多次同黄炎培、陈叔通等工商界人士谈话，批评苏联斯大林时期过早地结束了列宁的新经济政策，提出中国可以再搞一段新经济政策，自由市场与国家市场成双成对，"可以搞国营，也可以搞私营。可以消灭了资本主义，又搞资本主义"。

刘少奇发挥了"两个必要补充"的思想，即以私人企业作为社会主义经济主体的必要补充；以自由市场作为社会主义市场主体的必要补充。他对中国社会主义条件下的私人经济、自由市场的积极作用主要概括为两条：一是必要补充作用；二是比较竞争激活作用。

周恩来也提出反对搞清一色、单打一的纯粹社会主义国有化体制，实行"主流是社会主义，小的给些自由"的新体制，以搞活经济，发展生产力。

八大对改革开放的贡献之四，就是扩大民主。这一条发展为今天的民主法制建设。

中国共产党在长期的革命战争年代里，总结出民主集中制的组织原则。新中国成立后，党的第一代领导集体着力扩大民主、完善民主集中制。党的八大把扩大民主生活、反对官僚主义、建设新型民主作为重要任务，甚至是中心课题。毛泽东把党的民主思想扩展到政治思想和文化艺术上，提出了“长期共存，互相监督”和“百花齐放，百家争鸣”的方针。

刘少奇把人民积极参与和党的领导作为新型民主相互支撑的两大支点：“无产阶级专政不但需要无产阶级对于国家机关的坚强领导，而且需要最广大的人民群众对于国家机关的积极参加，二者缺一不可。”他还阐释了扩大民主的其他问题，主要包括：扩大民主的一个重要方面就是扩大地方权力；扩大民主的一个特殊重要方面是扩大少数民族的民主权利，注重反对大汉族主义；扩大民主的重要政治保证首先是扩大党内民主，再就是完备法制，还要反对官僚主义。

周恩来总结苏联历史教训，认为集权过多、民主过少是其体制上的根本弊端，也是中国改进体制要解决的症结：“适当分权给地方就会更好地集权于中央。社会生产力大发展不能光靠集权。”“不要把权力都集中到一个人之手，否则就坏事了。”

邓小平认为，官僚主义、个人崇拜问题的重要政治、制度根源是集权过多、民主不足，因而必须扩大和发展民主。邓小平把建立人民监督制度作为发展民主、反对官僚主义的重要突破口，认为制度、体制问题比个人作风、个人品格问题更重要、更关键、更具根本性。“对于领袖的爱护——本质上是表现对于党的利益、阶级的利益、人民的利益的爱护，而不是对于个人的神化”。

总之，研究八大与改革开放的联系、轨迹，是认识今后历史发展规律指向的重要依据。

（摘自《当代中国史研究》2006年第5期）

党的八大选举前后的故事 /水新营

1956年9月15日至27日在北京召开的中国共产党第八次全国代表大会，是中共取得全国政权后的第一次全国代表大会。这次大会充分发扬民主，科学地分析了基本国情，制定了正确的政治路线，选举产生了新的中央委员会。在八大选举过程中，党的许多高级干部高风亮节，不计较个人得失，涌现出了不少感人故事。

李先念："心情极端沉重"

李先念，湖北黄安（今红安）人，1909年生，1927年12月加入中国共产党。历任红四方面军第三十军政委、新四军第五师师长兼政委等职。新中国成立后任湖北省委书记、省政府主席、省军区司令员兼政委等职。八大召开时任国务院副总理兼财政部长，协助周恩来、陈云领导经济建设。

李先念和陈云在一起

八大会议上选举出中央委员97名，候补中央委员73名，李先念当选为中央委员。中央委员会选举结果出来以后，第八届中央政治局委员候选人名单也随即公布。李先念事前并不知道名单中有他，当他看到这个名单时，惊讶极了。在17位候选人中，党的七届一中全会选举和七届五中全会增补的中央政治局委员共计11人：毛泽东、刘少奇、周恩来、朱德、陈云、邓小平、林彪、林伯渠、董必武、彭真、彭德怀；新提名的六人，其中包括四位开国元帅刘伯承、贺龙、陈毅、罗荣桓和中共创建时期入党的老同志李富春，另外一人就是李先念。在17位候选人中，数李先念年龄最轻，也可以说资历最浅。尤其当李先念看到徐向前、聂荣臻、叶剑英三位开国元帅以及党内诸如王稼祥、邓子恢等诸多老资格的革命家都不在政治局委员候选人名单时，更感到沉重的压力。

当天晚上，李先念即给中央写信，信的原文如下：

陈云、小平同志并报中央、主席：

在提中央委员会候选人名单的时候，我没有提过意见的，但是在刚才政治局候选人名单公布之后，对我来说，等于晴天霹雳，心情极端沉重。无论从哪方面来讲，能力和资历，就在中央工作的时间来说，不应当提到我的。比我能力强、资历深和在中央长久工作的同志多。将我的名字摆上，对党对我个人都是不好的。而且应当说到，我的年龄虽然比党内一些同志小些，但身体也不好，经常头痛。因此，不行、不顺，我算是最突出的。为此，我真心请求将我的名字删掉。还是让我在中央机关做一点工作，这对我还是一个锻炼。这是我的衷心话。时间急迫，心情不安，要求中央慎重考虑。

李先念

9月27日21时

但是，中央考虑到李先念参加革命工作以来的突出贡献和表现，没有接受他的意见，在第二天即9月28日中共八届中央委员会第一次全体会议上李先念仍被列入中央政治局委员候选人名单。在正式选举中，47岁的李先念被选为中央政治局委员，成为八届中央政治局委员中最年轻的一位。

胡耀邦："完全想不通"

胡耀邦，湖南浏阳人，1915年生，1929年加入中国共产主义青年团，1933年转为中国共产党党员。历任少共中央局秘书长、组织部长、宣传部长、抗大政治部副主任、总政组织部部长，晋察冀军区野战军第四纵队、第三纵队政委，解放军第十八兵团政治部主任等职。新中国成立后任川北区委书记、行署主任兼军区政委等职。八大召开时任中国新民主主义青年团中央书记。

在党的八大会议上，胡耀邦作为青年团的代表，当选为大会主席团成员之一并被列入了中央委员候选人名单。由于受名额限制，在八届中央委员候选人名单

胡耀邦

中，1955年前后授衔的上将中只有极少数同志被列入，近一半的上将连候补中央委员候选人名单都未列入。这使被列入中央委员候选人名单的胡耀邦坐卧不安。

经过认真考虑，胡耀邦提笔给中央写了一封信，信的全文是：

陈云、小平同志阅转主席并原书记处同志：

今天上午，我出席主席团会议，看到我的名字摆在预定的正式中央委员会里的时候，从心底里发出了无限的痛苦，几次想站起来提出意见，但老是感到难为情。当快要散会的时候，算是鼓起勇气站起来了，可是又被大家说"不要谈个人问题"，就坐下来了。

我是做梦也没有想到，我会被提名为中央委员的。我决没有低估自己，我曾经估量过自己的份量。我这样计算过，如果我们党把领导核心选成一个二千多人的大团，大概我可以摆得上。后来决定选成一个大连（这是我衷心拥护的），在这个连里有了我的名字，心里非常不安。但又一想，做青年

工作的没有一个人也不好。所以就拼命压制着自己，没有提，也没有同别的同志讲。至于由于提的太快，又没有把工作做好，因而欠了党的债，那以后还可以经过自己的努力去补偿。从这一点说，我认为我这样做也是识大体的。

现在九十七个正式中央委员的名单中又有我，我就完全想不通了。这样做使我太没有脸面见那些无论是过去多少年和这几年，对党的贡献都比我大几倍的绝大多数的候补委员。这，对我的压力实在太大了。

无论如何，请主席和中央同志把我的名字摆在候补名单里去。

情绪有点激动，写得词不达意，想一定会原谅我。敬礼！

胡耀邦

1956年9月22日

大会主席团很重视胡耀邦的来信，委托大会秘书处负责人之一刘澜涛找胡耀邦谈话。刘说，中央领导认为，依照惯例，青年团里应该有一名负责人成为中央委员，而你本人的资历符合这个要求。现在这件事已经定了，就不要再提了。刘澜涛在解放战争时期曾任晋察冀军区副政委，是当年胡耀邦的上级领导，现在又来转达中央的意见，胡耀邦也就不好说什么了。最后的结果是，在八大上胡耀邦当选为中央委员。

唐亮："深感不安"

唐亮，湖南浏阳人。1910年生，1930年参加红军，同年加入中国共产党。历任红三军团四师十团政委、红一军团二师政治部主任；八路军一一五师三四四旅政治部副主任、冀鲁豫军区政治部主任，新四军兼山东军区政治部副主任，

唐亮

山东野战军、华东野战军政治部主任，第三野战军政治部主任等职。新中国成立后任华东军区政治部主任、副政委等职。1955年被授予上将军衔。八大召开时任南京军区政委、军区党委第一书记。

唐亮作为解放军代表团代表，出席了中共第八次全国代表大会。在八大预备会议开始不久，唐亮得知他被提名为候补中央委员候选人时，深感不安。9月4日，他给出席八大预备会议的解放军代表团团长刘伯承和副团长贺龙、聂荣臻、黄克诚等人写信，恳求从候补中央委员候选人名单中去掉自己的名字。

当毛泽东看到唐亮的报告后，感叹地批示说：唐亮，唐亮，真是好同志，有的人，闹名誉，闹地位，闹军衔，少一颗星还淌眼泪，而唐亮同志在这么大的问题上，主动让位，令人敬佩。我同意他的报告。

八大会议主席团经过研究后，同意了唐亮的请求。唐亮不计名位的高尚品质被许多同志所称赞。在两年以后召开的八大二次会议上，由于党内许多同志的积极要求，唐亮被补选为中央候补委员。

杨尚奎："谦让省长"

杨尚奎，江西兴国人，1905年生，1929年加入中国共产党。红军长征后，奉命坚持游击战争，系著名的赣粤边三年游击战争的主要领导人之一。新中国成立后，长期担任中共江西省委书记、第一书记。八大召开时任中共江西省委第一书记。

党的八大召开前，杨尚奎接到中央通知，作为党的八届中央委员候选人填了表，并经省委同意上报。他作为省委第一书记，是江西省唯一的中央委员候选人。但是，他心头有一个想法在萌动。这个想法到去了北京以后，在八大的预备会议上，变得更加坚决了。

杨尚奎反复思考，觉得为了党的团结，为了更好地做好江西的工作，也为了更好地发挥邵式平省长的作用，安排给江西的中央委员候选人名额，可以让给邵式平。

周恩来与杨尚奎、水静夫妇在一起

经过深思熟虑，杨尚奎毅然找到了中央领导同志，诚挚地说明了自己的想法。他的真诚、他的谦让，也感动了中央领导同志。在认真研究之后，中央同意了他的建议。在八大正式选举中，邵式平当选为中央候补委员。杨尚奎也成为华东六省一市唯一未当选中央委员的省（市）委书记。

消息传来，许多同志大感意外和不解，有人还以为杨尚奎出了什么事，犯了什么错误。人们想起了这事之前，曾有过一次类似这样的事。在第一届全国人民代表大会即将召开前夕，华东各省（市）的党委一把手都安排为全国人大代表。可是杨尚奎对华东局负责同志说，江西老同志多，但全国人大代表名额有限，希望把他的这个代表名额，改选其他同志。"改选谁呢？"华东局的负责同志问。"刘俊秀！"他脱口而出。

人们在八大以后又看到了另一件类似的事，杨尚奎本来是省军区第一政委，后又担任了福州军区第三政委。按惯例，省委第一书记都兼省军区第一政委。可是，杨尚奎一再提议，改由方志纯担任江西省军区第一政委。方志纯时任江西省委书记处书记、第一副省长。

有人问杨尚奎：为什么这样一次次地谦让？杨尚奎总是笑眯眯地回答道："有工作大家做嘛！一个人兼那么多职，哪有那么多精力？江西老同志多，要发挥大家的智慧嘛！"

（节录自《湘潮》2012年第11期）

忆八大见闻

/张宝昌 口述　张事贤 整理

过着今天的好日子，理当饮水思源，邓小平复出后，曾在中南海怀仁堂对陈云、李先念等党内高层领导讲过：中国共产党第八次全国代表大会是一次开得很好的大会，意义深远，一些正确的东西，至今仍影响着我们，这点，大家心里是清楚的。显然，首长们在复出的特定时刻，深情回顾八大成功之处，似乎也在饮水思源。说起八大话就多了，因为当时我是大会主席台的招待员。13天的会期，天天见新闻，听新闻，尽管工作时间较长，但不觉疲劳，像海绵一样，不断地汲取着新的知识。

八大会址缘何选择政协礼堂

1956年以前，我们党开过七届全国代表大会，八大是新中国成立后召开的第一次全国党代表大会，共产党的状况跟过去则大不相同了，不仅党员人数比七大时增加了八倍，达到1073万名之多，而且更重要的是，党员个人身份公开了，党的组织已分布到全国城乡，大批党员干部从中央到地方，成了各个部门的负责人。总之，我们的党经过长期奋斗已经是一个能组织和调动全国资源的执政党了。因此很多人主张，既然开大会的时机已经成熟，那么就应当将会议的规模计划得大一点，接待规格安排得高一点，于是选择合适的会场便显得格外重要了。

早先，有人考虑到由于八大的政治含量高，议题多，任务重，会场定在怀仁堂比较好。理由是：一是中南海是党中央、国务院的所在地，名气大，叫得响，人人都向往。二是出席会议的中央主要首长，绝大多数家在中南海，离怀仁堂很近，如朱德、刘少奇、董必武、林伯渠、王稼祥、李富春、彭德怀、陆定一，等等，出门步行几分钟即可进入会场，没有赶时间的负担。三是中南海环境优越，便于交通指挥和车辆管理，同时直属中央办公厅的文秘、机要、通讯、医疗、警卫各单位，相距会场不远，彼此联系便捷，机动功能全面。四是怀仁堂曾开过两次具有重大历史意义的大会，即1949年的中国人民政治协商会议第一届全体会议和1954年的第一届全国人民代表大会，产生了中华人民共和国第一部宪法。此外，在怀仁堂还开过多次全国范围影响很大的专业会议，这些会议少则几百人，多则上千人。这表明怀仁堂有具厚重的历史政治氛围，是适合举办党的全国代表大会的地方。然而，理由归理由，问题还是要以人数多少来决定。当到会人数最终确定下来之后，大家把目光一齐投向了另一幢大楼——政协礼堂。这座三层新建筑，宽敞明亮、设施齐全，有效座位（包括临时加的）可达1500席，比怀仁堂多200席，而大小厅室更比怀仁堂多两倍，根据外国来宾、国内各民主党派领导人、中央首长单独活动的需要，1026名正式代表、400余名列席人士的实际情况，中国共产党第八次全国代表大会就这样无可争议地定在政协礼堂召开。由此，这座解放后北京新建的现代化大会堂也得到了历史性的考验，受到了人们的普遍肯定和赞扬。

庄严隆重、喜气洋洋的盛会

大会自1956年9月15日至27日一连开了13天，首日下午14时许，当毛泽东、刘少奇、周恩来、朱德、陈云、彭真、康生、董必武、林

中国共产党第八次全国代表大会会场——全国政协礼堂外景

了，拍肿了，却浑然不知，直到拿出笔记本开始记录的时候，才隐隐感觉疼痛。这是多么忘情的、发自内心的祝贺呀！不参与其中是决然体会不到的。

毛主席宣布大会开幕后的第一句话是这样讲的："从我们党的第七次全国代表大会以来的十一年间，在全中国和全世界，为了共产主义和人类解放事业而

伯渠、张闻天、彭德怀、林彪、邓小平和应邀前来参加大会的46个国家的兄弟党代表及中国各民主党派的领导人及无党派民主人士登上主席台时，受到了满堂代表和列席人员暴风骤雨般的掌声欢迎，这一场景足足持续了五分钟之久。很多人将自己的手掌拍红

英勇奋斗和辛勤工作，因而付出了自己生命的同志和朋友，是很多的，我们应当永远纪念他们。"话音一落，全场起立，肃然默哀。等到所有代表再次落座，毛主席便作了他有力精彩的致词。谁也没有想到，在不足3000字的演讲里，竟有30多次被热烈掌声所打断，其

中长时间鼓掌有六次之多。如果说浪涛般的掌声是反映人外在的情感，那么，我在大会秘书处收到交上来的会场文件中，代表们圈圈点点最多的字句，就是内在的心情了。这里我抄录几段原文，献给读者。“我们的党是一个政治上成熟的伟大的马克思列宁主义的政党”；“我们的党已经成了团结全国人民进行社会主义建设的核心力量”；“我们的工作是做得正确的，但是也犯过一些错误”；“在我们的许多同志中间，仍然存在着违反马克思列宁主义的观点和作风，这就是：思想上的主观主义，工作上的官僚主义和组织上的宗派主义”；“在我们各个国家机关和各项社会事业中，大量的工作要依靠党外的人员来做。如果我们不依靠人民群众，不善于同党外的人员合作，那就无法把工作做好”；“即使我们的工作取得了极其伟大的成绩，也没有任何值得骄傲自大的理由。虚心使人进步，骄傲使人落后，我们应当永远记住这个真理”。代表们用心圈出来的这些话，形象而生动地反映了对执政党的性质、任务的了解，也是对国家最高权威党中央、毛主席的敬佩与认同。难怪大会休息时间，民主人士李济深、沈钧儒、黄炎培、马叙伦、章伯钧、陈其尤、许德珩、谢雪红、郭沫若等聚在一起，盛情称赞开幕词是一面高高飘扬的鲜艳红旗，毛主席是卓越旗手，带领全党和全国人民迈向社会主义。

在经过了大会事务性工作审议程序之后，刘少奇的政治报告，周恩来关于发展国民经济第二个五年计划的报告，邓小平关于修改党章的报告，成了热烈讨论的议题。其中邓小平讲的几处段落，主席台上的老同志们是这样解释的：新党章的核心，是执政党的地位和责任问题。具体讲，就是在新形势下，我们应当做怎样的党员，应当建设怎样的党。小平同志强调得好：“中央认为，关于有任何功劳，任何职位的党员，都不允许例外地违反党章、违反法律、违反共产主义道德的规定，在今天具有特别重要的意义。有一部分有功劳有职位的党员正是认为，他们的行为是不受约束的，这是他们的‘特权’……事实上，任何抱有这种想法或者支持这种想法的人，就是帮助党的敌人腐蚀了我们的党，任何以‘老爷’自居的人，都以为党是少不了他们的，事实上恰恰相反，我们党不但不需要，而且不允许有任何在遵守党员义务方面与众不同的‘老爷’。一个人只有不因为自己的功劳和职位而骄傲，不用来作为‘特殊化’的资本，反而更加谦虚和谨慎，更加提高自己以身作则的责任心，他的功劳和职位，才是值得尊敬的。否则，他的骄傲和放肆，必然会把自己淹死。”以这样的态度和语言，明示全党，表明中央从严治党的决心是非常坚定的。历史证明，我们这样做了，共产党没有权，可以变为有权，有了权，就可以长久地巩固下去。

会议进行到第三天，便进入讨论和发言阶段。在接下来的几天里，朱德、董必武、林伯渠、彭德怀、陈云、陈毅、罗瑞卿、李富春、乌兰夫、李先念、钱瑛、李维汉、刘澜涛、包尔汉等20多位首长，就中国革命的历史教训、执政党的作用与责任、国家法制、民族政策、统一战线、文化教育、工农业生产、工商业制造、积累和消费，以及军事、外交、肃反等方面的情况和问题，作了相当精辟的发言，听来让人耳目一新，备感欣喜和鼓舞。中间穿插进行的还有很多地方干部、劳动模范、战斗英雄、文艺界代表的发言，例如，赵成满“依靠组织，依靠群众，是做好一切工作的基础”的发言；肖慧纳“勤俭持家搞好职工生活”的发言；伍精华“从奴隶社会向社会主义的飞跃”的发言；刘传友“大力发展养猪事业”的发言；扎喜旺徐“流散的哈萨克族已安置好了”的发言；作家赵树理“供应群众更多更好的文艺作品”的发言。这些以自身经历为主，歌颂共产党，歌颂新中国的发言，更丰富了党和人民血乳交融的深厚感情。

在9月26日的大会上，代表们还热情欢迎全国人民代表大会常务委员会副委员长宋庆龄致词。当她走向讲台时，代表们全体起立，掌声经久不息。那时，宋庆龄虽然已是上了年纪的人，但依旧精力充沛，光彩照人。她的致词，不断为掌声所打断。当她的致词结束的时候，代表们再次起立，长时间地热烈鼓掌。大会休息时间，蔡畅、邓颖超、许广平、史良、李德全五位老大姐，围着宋庆龄笑语不断地夸奖她的致词"好！好！好！好在有底气、有分量，又结合实际……"而她则是微笑地答道："千好，万好，八大才是真正的好。没有八大，我想对着一千多人说心里话，勿晓得到哪里去说咧。"

应邀列席这次代表大会的有50多个国家的共产党和工人党的代表团、代表和观察员。其中有46个国家的共产主义政党的代表在会上致词，大会上还宣读了日本、美国、马来西亚、缅甸、泰国、土耳其、葡萄牙、突尼斯、委内瑞拉、卢森堡等国共产党的贺信、贺电。

参加中共八大的国内各民主党派和无党派民主人士代表在大会主席台上。前排左起：宋庆龄、黄炎培、沈钧儒

外国同志的致词，以及贺信、贺电，充分说明了全世界那么多国家的共产党，对中国人民在毛主席的领导下经过艰苦卓绝的英勇斗争所取得的伟大胜利，表示由衷的高兴和敬佩。他们的致词、贺信、贺电无不充满着伟大的无产阶级国际主义的战斗情谊，受到全体代表的热烈欢迎。正如毛主席说的："我和大家都相信，已经得到解放的中国人民的力量是无穷无尽的，我们又有世界上一切兄弟党的支持，又有世界上一切同情者的支持，我们并没有孤立的感觉，这样，我们就一定能够一步一步地把我国建设成为一个伟大的社会主义工业化的国家。"

直到大会的最后一天，隆重融洽的气氛依然十分浓郁，新当选的中央委员和候补中央委员暂且不论，就是那些曾经一起参加革命斗争，一起脱下军装走上生产建设岗位的老同志，借由这次盛会的机缘，总有说不完的话，叙不完的旧，大家都为我们这一代，有这样好的党、好的领袖而感到无比欣慰与自豪！

礼品是物更是心

中国共产党第八次全国代表大会即将召开的消息一经公布后，广大党员、干部和群众兴奋之余，都在思考着要以怎样的实际行动来表达对党的崇敬和热爱。当然，做好自己的本职工作是第一位的。但还有不少心思细腻又具备条件的人更想用自己的双手，做出点什么来向大会献礼，哪怕只是一封贺信或是一面锦旗，也算一片心意。党中央是理解大家的初衷的，为了保护群众的积极性，又不浪费资源，通过各种渠道，反复劝阻不要送礼，更不准有组织地搞献礼活动。尽管如此，至大会结束那天，依然收到了为数不少的贺信贺礼。其实早在开会之前，中央警卫局就陆续收到各地送来的贺礼，有的标明是专为八大制作的，有的没有，但有附言，甚至还有本人照片。因为数量多，所以故宫博物院于1956年6月7日致函警卫局：我院此前接收你处的国内礼品为数甚巨，原拟开辟礼品馆，现已改为国际友谊馆，因此国内礼品部分应适当安排，以免长期积压。函件由局长汪东兴报告中央办公厅后，杨尚昆主任批示："工艺品和杂件，可选一部分在博物馆陈列。首长能用的拿回，其余的等八大后再处理"。

1956年10月27日，故宫博物院［56］第170号文记有八大收到的国内外礼品104件的具体情况。其中，国内礼品计有51件，主要来源于民主党派、地方干部、复员军人、工人、农民、民间艺人和小学学生。礼品中既有比较高档的，如江苏省无锡市民间手工艺人唐振武赠送的"象牙牌刻毛主席开幕词全文"；中共上海市委转赠上海电机厂制作的汽轮机模型和上海艺人李义达的象牙雕周总理发言小插屏；浙江省龙泉县铁器生产合作社赠"木鞘镶银花宝剑"；天津钻石工具制造厂工人赠五枚钻石试制机器零件；画家潘素赠的群峰竞秀墨笔山水画。也有比较普通的陕西省西安市积恩寺小学赠送的红缎锦旗；青海省赠送的土产岩石及蜡制工艺作品；河南省灵宝县农业合作社送的玉米、棉花优质样品。在这些情深义重的礼品中最具代表性的当属以中国国民党革命委员会主席李济深为代表的各民主党派和无党派民主人士向大会赠送的"凸雕大渡河象牙船"。他说："我们选的是一件象牙雕刻的工艺品，雕刻的是在两万五千里长征中，红军英雄胜利渡过大渡河的场景。这件礼品象征各民主党派团结在共产党领导下，同舟共济，胜利地过渡到幸福的社会主义和共产主义社会。"接受礼品的是当天大会执行主席邓颖超、李富春。在众多赠礼中唯有它是采用一种仪式性的交接方式完成的，并且载入国家档案，永垂史册。

外国礼品有两种。一种是共产党已经取得国家政权的代表团赠送的；另一种是共产党没有取得国家政权，甚至还被本国反动统治者认为是"非法组织"赠送的。国情不同，地位不同，规格和数量自然不同，但都精彩纷呈，故宫的档案明细表里，苏联的贺礼是：彩绘列宁画片方形漆盒，彩绘毛主席像方形漆盒，彩绘莫斯科科学宫外景漆盒，俄文版《毛泽东选集》(1—4)四册，俄文版《鲁迅全集》(1—4)四册，俄文版《马克思在英国》，俄文版《列宁文集》，俄文版《世界地图》，俄文版《莫斯科克里姆林宫全苏农业展览》画册，《莫斯科风景集》，《苏联第一次革命事迹》印本画册，彩印苏联博物馆单页画（一本计136页），印本单页画（20页），彩印单页画（附说明一本计61页），《世界地图》（附索引一本计97张）。印度共产党代表团赠的印度第四次党代表大会相片册，嵌银铜凸花圆铜盘，花石雕半裸体女人像。玻利维亚共产党代表团赠的玻国纸币（500元一张、1000元一张），毛线织花软帽一顶。锡兰共产党赠的木雕象嵌银制笔架、凿花小银筒和鸟兽纹银盘各一件。哥斯达黎加共产党代表团赠的报纸每份两张，"吉他"六弦琴一件。以色列共产党代表团赠的印本单页画26张，木雕驼式台灯一件。瑞士共产党代表团赠的彩画1957年日历一件，印本漫画集一件。尼泊尔王国共产党代表团赠的铜释迦牟尼佛坐像一尊等。

周到接待尽显国家风采

为了接待列席中共八大的外国共产党代表团，国家早就安排在北京西郊建造一处专供外宾居住生活的建筑区，名为"十八所"。分别由18幢独立的小洋楼组成，每栋楼房均是上下两层构造，一层多是按照会客、接待、就餐、烹饪及若干配套备用间来设计的；二层则由办公室、卧室、小型休息室和阳台等所组成，阳光充足，空气畅通。家具配备，是以实用、美观、方便的原则来布置的。楼群之间的空间距离，不远不近，视觉效果好。地上满眼铺绿，鲜花朵朵。在享受现代化居室的同时，亦能体会到清新宜人的乡野气息。不少外国客人住在这里，就像到了自己家里一样，安心而亲切。

为了保证好外宾的起居饮食，中央警卫局会同有关单位，根据每个国家各不相同的饮食习惯，多次开会研究制定了一套内容较为详尽的参考材料，让管理人员和厨师做到心中有数。用最大的努力，广泛使用鸡、鸭、鱼、肉、新鲜蔬菜，按照正规西餐标准，精心烤、炸、煎、烩，并备充足的茅台酒、通化葡萄酒、北京五星啤酒，以满足保加利亚、波兰、民主德国、匈牙利、西班牙、南斯拉夫、意大利、法国、英国、捷克斯洛伐克、印度尼西亚、西德等国贵宾的需要。对蒙古、越南、朝鲜宾客就显现了典型的东南亚口味和中式菜品，瓜果蔬菜的供应量也会相应加大，酒水饮料更倾向喝茶品茗。在"十八所"工作的干部几乎都能记住每个代表团正副团长的饮食爱好和团员们一般性的饮食习惯。有时，精细到连葡萄酒的酸甜度都不得有误，甚至连法国代表团有一名团员喜欢抽板烟都心中有数。短短的十几天聚会，相隔遥远的两个主宾国家，因为这种彼此互通、交流而变得亲密友好，这是对我们工作人员的最大褒奖。意义非凡的八大成功搭建起了一个东方与西方、中国与外国相互沟通的广阔平台。

（摘自《百年潮》2013年第3期）

列席中共八大的各民主党派负责人

中国国民党革命委员会中央主席李济深、中国民主同盟中央主席沈钧儒、中国民主建国会中央主席黄炎培、中国民主促进会中央主席马叙伦、中国农工民主党中央主席章伯钧、中国致公党中央主席陈其尤、九三学社中央主席许德珩、台湾民主自治同盟总部主席谢雪红。全国人大常委会副委员长宋庆龄、郭沫若以无党派民主人士身份列席了大会。

八大期间周恩来同外国党代表团的谈话

八大期间，周恩来除两次陪同毛泽东会见外宾以外，从9月22日至27日，还单独会见外宾七次，共八个外国党代表团，同他进行了谈话。这些代表团是：印度共产党代表团，团长南布迪里巴德；希腊共产党代表团，团长斯特林果斯；挪威共产党代表团，团长埃米尔·洛夫林；以色列共产党代表团，团长维尔纳；匈牙利劳动人民党代表团，团长卡达尔·亚诺什；澳大利亚共产党代表团，团长夏基；新西兰共产党代表团，团长斯吉尔顿；捷克斯洛伐克共产党代表团，团长柯别茨基。

在谈话中，周恩来详细回答了外宾提出的各种问题，介绍了中国共产党和中国国内的情况，阐述了中国党的历史经验与教训，表明了中国共产党对国际形势和国内问题的一些看法和认识。

关于斯大林问题

苏共二十大尖锐地揭露了斯大林在领导社会主义建设中的严重错误以及对他的个人崇拜所造成的严重后果，在国际上引起了极大震动。一些西方国家乘机掀起反共反社会主义的浪潮，给国际共产主义运动带来了很大困难。在这些谈话中，几乎所有的外宾都提出了这个问题。

周恩来多次强调指出共产主义队伍不会不犯错误，并分析了共

各党代表团在大会上

产党犯错误的客观原因。他同印度共产党代表团谈话时指出：社会是复杂的，这一定会反映到党内来；历史是复杂的，亦不能不反映到党内来。党总是要经过分歧、犯错误的过程，问题在于意见求得一致，在于如何从错误中吸取教训，这样党才能前进。在同匈牙利劳动人民党代表团谈话时，他说，党的路线是曲折的，不可能不犯错误，不可能永远正确。他认为，永远正确的观点这是不符合马列主义的。列宁就说过没有不犯错误的人，只有小孩不犯错误，因为他不工作。马克思、列宁写东西，手稿上不是有很多修改，就是有错误才有修改嘛。

周恩来对外宾说：斯大林在他一生的后期犯了错误，思想停滞，哲学方面也不能前进。他所犯的错误，不单纯是一个个人问题，有它的社会根源，也与制度的缺点有关，有它历史的因素和思想上的根源。不是把一个人推翻了就完了，一个人推翻了，问题并没有解决。必须要分析、认识错误的思想根源，这是十分重要的。中国共产党不赞成全盘否定斯大林领导时期苏联党和人民为社会主义建设而奋斗的历史。在1956年4月，《人民日报》发表的《关于无产阶级专政的历史经验》这篇文章，就是要说明我们的这个观点。

周恩来说：斯大林犯了错误，过去同斯大林在一起工作的人也会受到一些影响，不可能不受到些影响。不能说革命成功的地方没有斯大林的份，也不能说犯错误只有斯大林，而别人没份。这不是马列主义、历史唯物主义。我们都肯定苏联有成绩，那么，斯大林就有份，而且份还不小，十月革命不说了，列宁领导的。在批判各种派别上、在建成社会主义上、在战胜法西斯上，不能说斯大林没有份吧？但是，后来犯了很多"左"的错误，斯大林也要负主要责任。

关于中国党的经验教训

从对斯大林问题的看法，周恩来也谈到了中国党的历史。他同匈牙利劳动人民党代表团谈到：1935年以前我们也常犯路线上的错误，1935年以后情况才改变了。我们在头14年犯过四次路线错误。陈独秀的右倾错误和三次"左"倾错误。在肃反斗争中，在土地革命时期，我们也犯了错误，这种错误在遵义会议后才得到纠正。他在会见澳大利亚共产党代表团时说：王明路线，中国党受的损失最大，当时我们的秘密党组织几乎搞光了，红军也被迫离开根据进进行长征。以后我们找到正确的路线，有了毛主席的领导，我们又由小变大了。他还对匈牙利劳动人民党代表团说：1935年后，我们走的是正确路线，但是个别的错误还是不断发生，我们是在克服错误中前进的。认为不会犯错误，一点错误也没有，一点不同意见也没有，这是主观主义的。这是否认矛盾。否认矛盾，就会停止前进。

对于纠正错误需注意的问题，周恩来指出：不要把同志当作敌人，敌人只是少数。主要认识上不正确，在党外也有一些思想上认识上不正确的人。但是有些好人，他自己认为最革命，把人家认为是敌人，这就要犯错误。他还指出，纠正错误时，也要注意，不要把革命警惕性整掉了；纠正错误，要有忍耐精神，否则又会走向一个极端。

周恩来在会见希腊共产党代表团时谈道：1935年以前，我们党内存在的几次错误就是因为排斥了同志。陈独秀犯了右倾机会主义错误，党内开会不理他，最后他们组成了反对派，结果给党带来很大困难。三次"左"倾错误给党造成了极大危害。直到遵义会议后，毛主席及党中央采取了新办法把很多人给团结过来了。这样，王明的错误就更孤立了。少奇同志报告中提到的王明博古路线，其中的博古就表现很好，承认了错误，但后来他牺牲了。所以说，犯错误的人，有可能改正，也有另一种可能不肯改正。我们工作做得好是会把他们教育好的。这会给党带来收获。少奇同志报告提到的张国焘，1935年后他分裂过党，但我们还是向他做了许多工作，让他做中央委员，希望把他争取过来，后来他还是跑到蒋介石那里去了。

周恩来还对匈牙利劳动人民党代表团说道：我们工作中的缺点，有些缺点是难免的，有些是可以避免的，可以减少的。重要的是对缺点加以分析，从中吸取教训。缺点和错误有它社会的和历史的根源，不单是个人的问题。

周恩来特别谈到了如何减少和纠正缺点的问题。他提出，党的领导应该集中正确的意见，应该随时听取党内外的不同意见，以便随时纠正缺点。我国的民主党派联系资产阶级和上层知识分子。这些人的意见我们不容易听见，他们能够听见，他们可以告诉我们让我们知道，我们可以从中辨别正确的和不正确的意见。我们可以保留具有"左"倾或右倾倾向的同志在党内，甚至在中央委员会内也可以留一两个，他们可以发表意见，他们错了就证明我们对了。否则，我们把耳朵塞起来，不听不看，党的领导就会硬化。人的生理构造就是辩证的，耳朵两只，古话说："偏听则暗，兼听则明。"眼睛也有两个，两面都要看。鼻孔也有两个，可以辨别香臭。口就有一个，不能两个立场，意见就是一个。

除了谈到中国共产党对犯错误的经验教训外，周恩来还谈了中国党在对待中间势力方面的经验教训。澳大利亚共产党代表团谈及中国共产党在团结党外力量方面是有很大贡献时，周恩来说：过去，我们党在1931—1934年，也是把中间势力看成最主要的敌人，结果没有把蒋介石孤立，却把自己孤立起来，这是"左"倾错误。你们对澳大利亚情况了解，既然总结过去的错误，就能决定将来怎样做。我们只能从原则上说说，因为不了解情况无法谈得很具体。我们将要出版八大的报告与文件的小册子，可以供你们参考，但是一国的经验教训只能作参考，政策的决定还是由各国党自己做。有一点是带有普遍性的，即不管是争取革命的胜利还是在胜利以后，总是要争取大多数，孤立最少数。如果只争取少数，而反对大多数，结果使自己孤立，就不能胜利。

在总结中国党的历史经验时，周恩来特别强调把马列主义与本国实际相结合、坚持实事求是的思想，指出每个党都要以马列主义的一般真理与具体情况相结合。会谈中，一些外宾提到要学习中国的历史经验时，周恩来总是说：中国的经验只能供参考，照搬就会吃亏了。捷克斯洛伐克的外宾问及集体领导的制度在中国党内和军队内都可实行，是否也可以适用于别的国家时，周恩来回答说：每个国家条件不同，经验不能抄袭，可以先派人来看看，拿个别的单位做试验，试验成功后才使用，否则可能造成混乱。印度共产党代表团谈到中共八大上各地代表的发言对他们解决问题很有帮助时，周恩来再一次强调：希望大会的东西能供参考，只能供参考，因为各国情况不同。

关于民主与集中问题

认真实行集体领导，正确处理民主与集中至关重要。周恩来与捷克斯洛伐克共产党代表团谈话时说：中国党的集体领导是与群众路线相结合的，有着悠久的传统。胜利后，有些同志主张企业中应实行"一长制"，但后来遭到了批评，纠正了这种偏向。在会见澳大利亚共产党代表团时，对民主与集中的问题，他谈了这样一段话：我们要注意党内民主，要听取群众的意见，要进行集体领导。如果没有民主，就没有集中，集中是建立在民主的基础上的。这一点对我们执政的党特别重要，应该注意党内外的意见，如果听不到不同的意见，就会出官僚主义，就会落后。

周恩来还谈到了现行制度的问题。他同匈牙利劳动人民党代表团谈话时说：我们的制度是优越的，但也有缺点，如太集中。又如一党制，这本身就包含着它的阴暗面。当然，我们的制度是好的，光明的一面是主要的。但也不能忘记它的缺点。因此，我们要自觉的扩大民主，在民主的基础上集中，才能是可靠的。

周恩来还深刻地指出：犯错误不好，但可以从中取得教训。资产阶级专政时，两党轮换上下台，这样还有一个比较。法西斯统治时，不允许别的党存在，这样它垮台得更快一些。杜鲁门下台，艾森豪威尔上台，杜鲁门并没有被消灭。我们无产阶级专政，为什么要把不同的意见的人消灭呢？这是一个教训。社会主义思想体现在一个党，形成一个党，这是一个发展的趋势。但我们要有意识地保存一些不同政见的党，在党内保存一些不同的意见的人。这样做是可以的。

周恩来在这里所说的"制度"，当然不是指社会主义社会的根本制度，而是指这种根本制度之下的组织和运行方式，是根本制度的次生形态的具体体制。具体体制与根本制度本来应该是一致的，但实际生活并不完全如此，有时并不适应，或者开始时适应，后来不适应了。新中国建立以后形成的一些具体的政治、经济体制，一开始是与根本制度相适应的，主要起了积极作用，但是，逐渐就不大适应了，消极作用也显露出来。对制度上存在的问题，当时党内不少人并不认识，或者没有引起足够重视。周恩来看到了这一点，对现行制度作了两方面的分析，这是十分可贵的认识。

关于集权与分权问题

周恩来在谈话中所阐述的集权与分权问题，主要是经济管理体制方面的问题。毛泽东在《论十大关系》里专门阐述了这个问题，八大的政治报告以及周恩来本人所作的“二五”计划建议的报告，也都提出了这个问题，总的精神都是把一部分权力下放给地方，充分调动中央与地方两个积极性。

究竟如何划分中央与地方的权限呢？周恩来在同匈牙利劳动人民党代表团谈话时说：在这个问题上的争论，主要在界线上。明显地该归地方管的归地方，归中央管的归中央，这不成问题。问题在于：有些也可以归地方，也可以归中央，界线不好划。例如，铁路归中央，这没争论，银行归中央，这也没争论。小手工业归地方，这也没有争论。重工业的大企业由中央管，这没有争争论。小的钢铁厂归谁管，小到什么程度的钢铁厂归地方管，这就有争论了。纺织厂归地方管比较好，但中央有纺织工业部，中央也要管一些，以便吸取经验。因此，多数应归地方，少数归中央，这里要有一个界线。

对于集权与分权的原则，周恩来谈道：我们的原则是，可以给中央，又可以给地方的，就多给地方一些，这样可以增大地方的权力。中国地方大，都集中在中央也管不好。地方多管一些，中央才有时间来检查、考虑问题，这样可以抽出时间来注意中心问题，少犯一些错误。更多地分权于地方，才有可能更好的实行中央集权。

周恩来还特别谈到财政职权的划分问题，他说：财政问题也是这样，中央和地方的职权要划分。我们要双重领导，中央可以直接监督，可以通过地方来管。我们开了半年的会来解决这个问题。这次会议后，会有文件公布，规定怎样来划分这个界线。他认为：如果不解决好集权与分权问题，人民的积极性和创造性就受到压抑，不能发挥。因此必须解决好，发挥中央和地方两个积极性。

关于经济建设的方针问题

周恩来在谈话时，结合我国前几年经济经济工作的经验，阐述了经济建设的方针问题。他指出，发展工业应根据需要与可能，合理地规定国民经济发展的速度，把发展建设计划放在既积极又稳妥可靠的基础上，以保证国民经济比较均衡地发展。如果对凭借有利的条件较快地发展生产力可能性估计不足，那就是保守主义的错误；如果不估计到各种客观限制而规定一种过高的速度，那就是冒险主义的错误。因此，党的领导必须随时注意防止和纠正这两种错误倾向。他在会见挪威共产党代表团时说，在发展工业中，两种倾向都有，有的要求很急，右的很保守。要平衡发展很不好做。同时，在对方谈到沈阳已经有了一个工业基础，钢、铁、煤、机器，工业的发展会越来越快时，周恩来认为那些是重型的，精密的还很不够。

周恩来说，工业发达了，也要有正确的指导思想。在我国工业不发达时，要努力奋斗，将来发达了也不能骄傲，不但教育本国人民这样做，也希望外国朋友监督我们。他对捷克斯洛伐克共产党代表团说：人口多也是个包袱；我们的生产若按人口比，是太落后了。现在人多，问题多；以后工业发达了，成了强大的工业国，到那时就容易骄傲起来。这是很危险的。所以，要求兄弟国家对我们进行监督和批评，并且要我们的下一代也对这个问题提起警惕。

关于发展对外关系的问题

保持和缓的世界形势，是中国人民和世界爱好和平人民的愿望，也是尽一切努力去争取的事情，但战与和的问题是决定于帝国主义，而它们注定要失败。对这个问题的态度、原则、立场，周恩来在谈话中谈得很透彻。关于战事，他对以色列共产党代表团说：这不是决定于我们的希望，而是决定于帝国主义国家要不要马上战争，中东打翻了，一定会影响到远东人民，因此将来对它们是不利的，虽然我们中途会有曲折，但最后它们一定要失败。他还说：战争危险是存在的，但帝国主义要考虑一下是否要打。如打起来，东方人民是要参加的，至少是会有志愿军参加的。最近外国通讯社也推测了这个情况。帝国主义不得不要计算这个因素。不然，它们就要吃大亏。周恩来坚定地表示：我们党的政策是，只要和平条件能保持，我们会采取很谨慎的政策，不去刺激它们，保持和缓的形势，但如果当情况发展得很坏的话，帝国主义要开始战争，那我们会走到最前线。

在谈话中，周恩来反复强调要同各国增强往来，发展友好关系。周恩来会见挪威共产党代表团时表示很希望和北欧国家搞好关系，并主动问对方：我们两党之间能相互做些什么？文化和艺术代表团去访问一下对你们是否有好处？在会见希腊共产党代表团时，周恩来提出：我们应该接触一下，应该了解希腊的情形。你们的议会代表团来了，我们可以搞好中希关系。你们的议长跟我们通了电报，可能中希关系会逐渐接近。周恩来在会见澳大利亚共产党代表团时，主动请其转告著名人士伊瓦特，如果他愿意来，我们是欢迎的，可以在我们专门研究机构上讲学。并说：你们回去后可以和他谈。如果他愿意来，中国外交协会可以邀请他率领一个工党代表团来。我们的政府是欢迎他来的。

（摘自石仲泉等主编：《中共八大史》，人民出版社1998年版，标题为编者所加）

大会秘书处名单

王稼祥　邓小平（秘书长）　刘宁一　刘澜涛　李雪峰　宋任穷　林　枫　胡乔木　马明方　张际春　杨尚昆　谭　政　谭震林

大会代表资格审查委员会名单

董必武（主任）　谭震林（副主任）　刘澜涛（副主任）
王恩茂　邓颖超　安子文　李井泉　李雪峰　宋任穷　吴芝圃　林　枫　林　铁　欧阳钦　柯庆施　徐向前　陶　铸　马明方　乌兰夫　张德生　张鼎丞　黄克诚　黄欧东　贺　龙　舒　同　杨尚昆　蔡　畅　谢富治　谭　政　龚子荣

中共八大的同声传译 /刘德有

中国共产党第八次全国代表大会于1956年9月在北京举行，这是新中国成立后召开的第一次党的全国代表大会。在大会筹备期间，我从原单位——外文出版局被临时借调出来，参加大会文件和讲话稿的笔译工作，而且在会议期间还为毛主席做过同声传译。这是我有生以来第一次做“同传”。

平生头一次做“同传”

“同传”，如今已为人们所熟悉，但当时只有二十几岁的我，由于孤陋寡闻，只听说在联合国开会时使用各种语言的“同传”，所以对这一行我很陌生，以致不免有一种神秘感。

1945年4月中共七大在延安举行时，我还是一个不谙世事不满14岁的孩子，而到了中共八大召开时，我做梦也没有想过能为党的如此重要的会议尽自己的一份力量，担任大会的笔译和口译工作，对此我感到非常自豪。

从党的七大到八大，时隔11年多。这期间，中国社会确实发生了一系列深刻变化。首先是中国人民取得了抗日战争的胜利，仅经过三年多全国解放战争，于1949年10月成立了中华人民共和国。到八大召开时，全国绝大部分地区基本上完成了三大改造，建立了社会主义制度。与此同时，第一个五年计划的许多重要指标已经确有把握提前完成。在这种形势下，中国共产党作为执政党亟须加强自身建设，制定在新形势下的路线、方针、政策，开始探索适合中国国情的社会主义建设道路。毛主席在8月30日至9月12日召开的八大预备会议的讲话中提出：大会的目的和宗旨，就是总结七大以来的经验，团结全党，团结国内外一切可以团结的力量，为建设伟大的社会主义中国而奋斗。中共八大就是这种探索的重要起步。出席八大的代表有1021人，代表全国党员1073万人。毛主席致开幕词，刘少奇作政治报告，周恩来作《关于发展国民经济的第二个五年计划的建议的报告》，邓小平作《关于修改党的章程的报告》。朱德、陈云、董必武等在大会上作了发言。

为了参加中共八大的翻译工作，在会议举行的消息尚未公布以前，我和其他一些临时被调去的人员便早早集中到北京西苑饭店。那时的西苑饭店不是我们今天看到的高楼大厦，而是灰砖砌成的三层楼房。在那里，我们过起了“与世隔绝的生活”，每天吃住都在饭店里，就在那里对大会文件和讲话进行文字翻译。会议文件和讲话被翻译成俄语、英语、法语、西班牙语、日语等。而这些翻译人员，也都是从全国各地调来的。我们日语组的领导人是日文版《人民中国》杂志负责人康大川，他是我原单位的顶头上司。还有一位负责人是部队干部老沈同志。此外，有两位专门润色日文译稿的日本专家。等到9月15日大会要开幕时，又从各个文种的翻译班子

中共八大会场

中挑选出若干人担任了同声传译。我们日语组担任同声传译的除了我以外，还有苏琦和叶启庸等同志。这里需要说明一下，我们几个人，包括我在内，都没有受过同声传译的专门训练。大会之所以安排同声传译，是因为有许多兄弟党的代表团应邀出席了大会，日本共产党出席的是野坂参三一行。

当时，北京还没有人民大会堂，政协礼堂是最理想的开会场所，所以中共八大就在全国政协礼堂举行。

在我们日语的翻译班子中，我是第一个进同声传译箱子的，因为领导把毛主席致开幕词的同声传译任务交给了我。在此之前，我虽然曾多次担任过毛主席会见日本朋友时的日语口译，但从未为他做过同声传译。

感受激动人心的场景

这是我生平第一次进“同传”箱子，心情非常紧张。由于“同传”箱子设在大礼堂二层的左侧，所以坐在箱子里，面对话筒和译稿，根本看不见主席台上的情况。即使我把头抬起来，也只能看见二楼的部分与会者，只有欠起身来往台上望，才能隔着玻璃看到讲话人的身影。戴上耳机后，周围的声音什么也听不见。在未开会之前，我们曾试了一下话筒。戴上耳机后，一个最突出的感觉是听不见自己说话的声音，因此，生怕场内的代表听不见，就自然而然地把嗓门提高了起来。其实，用一般声音讲话，代表们就能听得清清楚楚。所以，不需要提高嗓门，提高了嗓门，反而会变成噪音，听者耳朵会震得受不了。

开会的时间到了。我稍稍欠起身，望了一下主席台，看到毛主席已经站立起来，向讲台走去。我慌忙坐下，屏住呼吸，等待耳机里传来声音。

“同志们：中国共产党第八次全国代表大会，现在开幕了。”

耳机里传来了毛主席的声音。我按照事前译好的日文稿，跟着毛主席讲话的速度念下去。毛主席的声音刚落，代表们全体起立，长时间热烈地鼓掌。

“从我们党的第七次全国代表大会以来的十一年间，在全中国和全世界，为了共产主义和人类解放事业而英勇奋斗和辛勤工作，因而付出了自己生命的同志和朋友，是很多的，我们应当永远纪念他们。”

话音一落，全体起立默哀。默哀完毕，耳机里又传出毛主席的湖南口音：“我们这次大会的任务是：总结从七次大会以来的经验，团结全党，团结国内外一切可能团结的力量，为了建设一个伟大的社会主义的中国而奋斗。”会场又是一阵热烈的掌声。

毛主席接着在讲话中分析了中国革命和建设取得胜利的国内和国际条件。

我至今还清楚地记得“虚心使人进步，骄傲使人落后”这一句脍炙人口的名言，就是在这一次代表大会上谈到今后任务时讲的。

他说：“我们现在也面临着和苏联建国初期大体相同的任务。要把一个落后的农业的中国改变成为一个先进的工业化的中国，我们面前的工作是很艰苦的，我们的经验是很不够的。因此，必须善于学习……要善于向世界各国人民学习。我们决不可有傲慢的大国主义的态度，决不应当由于革命的胜利和在建设上有了一些成绩而自高自大。国无论大小，都各有长处和短处。即使我们的工作得到了极其伟大的成绩，也没有任何值得骄傲自大的理由。虚心使人进步，骄傲使人落后，我们应当永远记住这个真理……已经得到解放的中国人民的力量是无穷无尽的，我们有伟大的盟国苏联和其他兄弟国家的援助，我们又有世界上一切兄弟党的支持，又有世界上一切同情者的支持，我们并没有孤立的感觉，这样，我们就一定能够一步一步地把我国建设成为一个伟大的社会主义工业化的国家。我们这次大会，对于我国的建设事业的前进，将要起很大的推动作用。”

毛主席的讲话不断被热烈的掌声所打断。据统计，不到3000字的开幕词，鼓掌次数有34次之多，其中长时间的热烈鼓掌共有六次。代表们的热烈掌声通过场内的话筒传到“同传”箱子里，我也被这种气氛所感染。我虽然担任着“同传”任务，但也不由得兴奋起来。

在中共八大期间，除了为毛主席做翻译外，我们三个担任日语“同传”的人员还轮流为其他领导人所作的报告、讲话以及外国代表团团长的致词做了同声传译。我体会，做“同传”最难的是没有译稿，边听边译。如果事前准备好了译稿，就可以精神高度集中地注意讲话人的讲话和译稿，恰到好处地跟上讲话速度，努力不把稿子念错。而这次会议则根本无需脱稿翻译，因为事前几乎都准备好了译稿。

化解“险情”

在中共八大会议上做“同传”期间，有一次我遇到过“险情”。事情是这样的：“后方”的翻译班子临时向我提供了一位领导人讲话的译稿。稿中，有一处明显地译错，意思完全译反了。虽然此稿经过了几个人的校对，但均未发现错误。在“同传”箱子里，在突然接到译稿的情况下，只能边看译稿边往下念。不知怎的，那一天我边听耳机里传来的话，边看着译稿念，忽然觉得译文中有一处不对劲儿。在这千钧一发之际，我竟然不自觉地按耳机里听到的话，把错误纠正了过来。如果机械地盲目地往下念，一旦声音通过话筒播出去，就会铸成不可挽回的大错。临场避免了这一大错，真是万幸！

外国代表讲话时，情况又有所不同。我本人除日语外，可以说对英语、俄语、法语、西班牙语等基本不懂，所以为说这些语言的外国代表翻译时，就要边听“同传”的中文译文边翻译成日语。但日共代表讲话时，就可以直接听日语，“同传”中文。有一件事，给我留下难忘的印象。记得轮到日共代表团团长野坂参三致词时，当他谈到20世纪40年代在延安时的情况，谈到延安窑洞的那一段生活时，主席台上的中国同志顿时活跃起来。那动人的情景及台上人们发出的感叹声，透过主席台上的话筒清楚地传到了"同传"箱子里。

大会闭幕那天下午，我们正在同声传译的岗位上坚持工作，日语组负责人老沈同志给我们带来了意想不到的特大喜讯：毛主席会后要接见担任同声传译的全体工作人员。

我们兴奋极了！起初，我们都以为会把大家集中到一个厅里，排好队接受毛主席的接见。谁知，大会刚刚宣布闭幕，在我们还没有离开"同传"箱子时，就听到从二楼的另一侧传来嘈杂的声音。接着，看到人们兴高采烈地朝二楼大厅方向奔跑，我们几个日语翻译也跟着跑去。这时，就看到身着灰色中山装的毛主席微笑着缓步朝我们走来。当时的情景，就像歌词中唱到的那样："东方红，太阳升。"我顿时感到庄严、伟大，同时又是那样的亲切。

大厅内群情激昂，人们不顾一切地拥上前去，争着要跟毛主席握手。毛主席微笑着跟前面几个人一一握手。这是千载难逢的好机会，我是多么想挤上前去，也跟毛主席握手啊！但是，我觉得，厅内的秩序已经很乱，再往前拥挤，实在不好。我只是目不转睛地望着毛主席他那慈祥的面容。

有几个兄弟国家的记者，肩挎小型录音机，手里拿着长长的话筒，纷纷将话筒伸向毛主席。那个年代，这种话筒还很少见。我看到毛主席瞅着伸向自己面前的话筒，诧异地问："这是什么？"

毛主席的接见，就这样结束了，人们奔走相告，久久不能平静。那些跟毛主席握了手的幸运者，情不自禁地逢人便说："刚才我跟毛主席握了手。这只手，我再不洗了，我用这只手再跟你握一次，大家来分享这个幸福吧！"由此可见，毛主席当时享有多么崇高的威望。

这确实是一个激动人心的难得的机会，然而我却未能如愿地与同毛主席握手，当然是莫大的遗憾。我那一直起伏着的心潮，久久不能平静……

（摘自《百年潮》2012年第2期）

关于党的八大召开前后的历史片断回忆 /李雪峰

我党第八次全国代表大会是一次具有历史意义的成功大会。1956年我国基本完成了生产资料私有制的社会主义改造任务，全国亿万人民为在中国共产党领导下取得的一个又一个的胜利而欢欣鼓舞，建设社会主义的劳动激情如火山喷发一般炽热，就是在这样的形势下迎来了我党八大的召开。八大总结了社会主义建设初期的经验和教训，制定出新的方针、政策，正如《关于建国以来党的若干历史问题的决议》指出的："八大的路线是正确的，它为社会主义事业的进一步发展指明了正确的方向。"在纪念党的八大召开40周年之际，我回顾当年的情景，仍然十分激动。

一

党的八大是1956年9月15日在现在的政协礼堂开幕的。我被选为大会主席团成员，并当选为中央委员和中央书记处书记。在此之前

李雪峰

我任中共中央副秘书长，参加了八大从筹备到召开的工作。

1947年我随刘邓大军从太行山南下到了中原，任中原局副书记，并受中原局之命负责组建了河南省委。武汉解放后，中原局改建为中共中央中南局，辖广东、广西、湖南、湖北和江西、河南及武汉市，我任中南局副书记并兼任了一段组织部长，还兼任中南土地改革委员会主任。1952年邓子恢从中南局到中央农村工作部，叶剑英从华南分局调来，不久也调中央工作，直到大区解散之前由我在中南局守摊子。我在中南局时，正是建国初期，百废待兴，一方面要支援解放全国的战争，同时要恢复经济，安顿人民的生活，并着手进行城市的民主改革和广大新区农村的土地改革，工作十分繁重。但是，在党中央毛主席的正确领导下，中南地区在短短的几年里，支援了解放战争和接管了新区。同时，在广大农村进行了剿匪反霸、减租退押和土地改革，以及在城市进行了民主改革，稳定了社会秩序，恢复了经济，也对新解放区的人民群众开展了广泛的宣传教育工作。

1954年党内发生了高饶事件，中央于四五月间在京召开会议，决定撤销各中央局。4月27日中央决定成立六个中央地区工作部，同时建立了中央秘书长会议制度。邓小平任中央秘书长，副秘书长有：刘澜涛，兼任中央华北地区工作部部长；谭震林，兼任中央华东地区工作部部长；宋任穷，兼任中央西南地区工作部部长；马明方，兼任中央西北地区工作部部长；林枫，兼任中央东北地区工作部部长；李雪峰，兼任中央中南地区工作部部长；还有杨尚昆、胡乔木。当时，几乎每天都召开中央秘书长办公会，讨论研究各方面的问题。记得毛主席召集了一次秘书长会议，他对大家说：你们是干事的，对外一律用中央名义，不用秘书长、副秘书长名义。中央地区工作部是在大区解散后设立的过渡性机构，时间很短，1954年下半年中央撤销了中央地区工作部，在中央书记处下设立了四个办公室。中央一办主管政法工作，由彭真任主任，罗瑞卿任副主任；中央二办主管农业，主任是谭震林，副主任是张子意和刘建勋；中央三办主管工业交通，主任李雪峰，副主任李立三；中央四办主管工、青、妇群众团体，主任刘澜涛，副主任李颉伯；还有中央办公厅，主任是杨尚昆，副主任是曾三、邓典桃、田家英、龚子荣。中央三办撤销后，中央设立了中央工业交通工作部，我兼部长，副部长是李立三、高扬和于江震。这是党的八大前中央机构的一些情况。八大以后，中央把工业和交通分开，我任中央工业部部长，曾山任中央交通工作部部长。

1955年3月，中央开始起草党的八大会议文件。刘少奇同志主持政治报告的起草工作；周总理主持《第二个五年计划建议》报告的起草工作；修改党章及修改党章报告的起草工作由邓小平负责主持。中央副秘书长不仅要参加修改党章工作，也要参加其他筹备工作会。党章修改工作总的来说比较顺利，毛主席让把党章修改报告写得短些，小平同志说三万字吧，不再压了。这样修改党章的报告草成得比较早。政治报告是陈伯达主笔，写社会主义改造时期的两条路线斗争，稿子写了半年，直到1956年夏天的北戴河会议仍没完成。少奇同志亲自起草了政治报告的农村部分，约9000字。由于政治报告起草没有完成，时间紧迫，中央把大家集中到北戴河写。毛主席要求大家抓紧时间写，并把原定九万字的政治报告压缩成五万字（实际完成是六万字），调参加修改党章报告的胡乔木同志参加政治报告的起草工作，小平同志的精力也集中到那里。

整个筹备工作紧张繁忙，但是中央很注意发扬民主，坚持集体领导，走群众路线。筹备工作最早是提中央委员候选人名单，由邓小平和一些老同志负责。先从六个大区和军队的领导同志中选，大家可以随便提，提了约400人，比较全面，但仍有一些同志被遗漏了。如湖北省委书记刘子厚，他因调三门峡搞水利，提名时把他漏下了。张稼夫也被遗漏了。这些同志无论资历和经历都是够格的。在一次筹备会上，毛主席就选举中央委员问题专门指出：这次一些年轻的省委书记没选上，先让一让老同志，让他们先"过过瘾"。实际上，主席讲的不仅仅是让一让的问题，而是让大家注意党内团结的重要性。在后来的八大二次会议上一些年轻的省委书记也都补选进中央委员会。

党章修改工作是很费力的，大家反复进行认真的讨论，字斟句酌。同志们思想上没有顾虑，畅所欲言，可以提出任何意见，气氛很活跃。在讨论政治报告中，关于我国的主要矛盾问题有过争论，一种意见赞成报告中写的：我国的主要矛盾，"已经是人民对经济文化迅速发展的需要同当前经济文化不能满足人民需要的状况之间的矛盾"。我记得这是少奇同志提出来的。一次毛主席在天安门上也说过：还是按马克思讲的，生产力是基础，生产力决定生产关系。另一种意见认为，阶级斗争还存在，主要矛盾还应是无产阶级与资产阶级的矛盾。在社会主义改造基本完成的情况下，政治报告中阐述的国内主要矛盾是正确的。这个问题在大会决议时大家都没有意见。由于种种原因，八大制定的正确路线没有认真地贯彻下去，特别是在"文化大革命"时期党的八大路线被说成是修正主义反动路线，这种说法是极其荒谬的。

八大选举了以邓小平任总书记，彭真、王稼祥、谭震林、谭政、黄克诚、李雪峰任书记，刘澜涛、杨尚昆、胡乔木任候补书记的中央书记处。小平同志一向做事谨慎，在中央决定他做总书记时，他曾向毛主席提出，书记处还是作为政治局的办事机构，负责对军队和国务院的文件承送。主席不同意，强调书记处是党中央的办事机构，什么事都要管，中央的事都由你们做，发文用中央名义。这实际上是赋予书记处重要责任，也是对小平同志的信任。在以后书记处的工作中，对承办军队和国务院的文件，一般按照小平同志的意见转出去。陈伯达在“文化大革命”中诬蔑小平同志专权，开会不让周总理主持，这是别有用心的。书记处成立后第一次开会时，总理参加了，小平同志让总理主持会议，总理一再说他不宜主持中央书记处的会议。由于书记处要管党政军各方面的工作，面很宽，以后又增补了国务院和军队的同志，有李先念和罗瑞卿等同志。

八大开幕当天，毛主席致开幕词。主席对开幕词很满意，会议期间他曾兴奋地告诉我们：开幕词最先是陈伯达写的，我看了不行，就自己动手写了一篇，写好拿给田家英看，他说尽是标语口号，也不行。现在的开幕词是田家英写的。毛主席历来注重发挥青年人的作用，赞赏青年人不受条条框框的约束，敢想敢干的精神，田家英就是其中的一个。著名的“虚心使人进步，骄傲使人落后”，就出自这篇开幕词。

二

党的八大开会期间，我作为中共中央工业交通工作部部长在大会上发言，着重阐述当时国营企业领导制度问题。

从1953年执行第一个五年计划开始，各地工业部门为了整顿生产秩序，改进企业管理工作，先后推行了苏联的一长制。我调中央后任中央三办主任，三办的任务是负责工业交通战线的政策调查研究，工作一开始就碰上了企业中实行一长制的问题。我们采取巡视员制度，对当时企业究竟应该建立什么样的领导制度问题，进行了集中的调查研究。我去了东北的一些工厂，如辽宁的飞机制造厂等，并参加过由厂长主持召开的生产调度会。调查的结果表明，企业中实行苏联一长制，虽然在建立生产指挥系统和改进生产管理秩序方面起了一定作用，但是它的弊端也是显而易见的。在当时看，一长制不适合中国的特点和历史条件，也体现不出我党一贯的优良传统和作风。这种一切权力归厂长一个人的制度，实际上把企业的行政领导与党组织对企业的领导对立起来，使党组织处于从属地位，因此，不同程度地模糊了党员和群众对党的领导作用的认识，滋长了主观主义和官僚主义、骄傲自满和独断专行的作风。

1955年冬，在调查研究的基础上，我们召开了两次会议，专门研究企业领导制度问题。一个是由国务院召集的八个工业部负责同志参加的会；一个是全国各省市委工业部长会。在国务院召开的会上，八个工业部的负责同志大都主张实行一长制。他们认为，现代化企业是一部联动机，必须有高度统一集中的指挥，党委领导下的厂长负责制不利于企业生产管理。我与他们在这个问题上产生争议，会议连续开了八个小时，争论很激烈。在各省市工业部长会上，大多数人赞成党委领导下的厂长负责制，他们指出，苏联的一长制在实践中证明不适合中国的国情，党组织在企业中不能处于从属地位，群众也不能脱离党的领导，因此，党的领导要加强。同时，企业生产必须要有统一的指挥，所以也应当有厂长负责制。他们认为，企业除了生产之外，还有职工的政治思想工作、社会工作、群众工作、福利工作，等等，这些方方面面的工作要由包括党、政、工、团各级组织来做，只能依靠党组织的领导。长期的革命实践证明，只有坚持党委集体领导的民主集中制原则，我们的各项工作才能统筹兼顾。我们支持这种意见，同意在企业内部实行党委领导下的厂长（经理）负责制。这种党、政有统有分的企业领导制度，比较适合当时企业的情况，也符合毛主席一贯教导的马克思主义的普遍真理与中国具体实践相结合的原则。

在这一时期，毛主席召开了34个部的汇报会，少奇同志也召开了交通方面的工作会议。我参加了毛主席召集的大部分会，亲身感受到毛主席作调查研究认真细致和谦虚的态度。毛主席为了更多地了解情况，亲自做各经济部门的调查研究工作，有时甚至要问清一些物质的化学分子式和原子结构，以及一些地方的土壤结构等。毛主席是不赞成苏联的一长制的。国务院八个工业部负责同志参加的会结束后，我到毛主席那里开会和汇报工作，当他知道八个工业部的负责同志不赞成党委领导下的厂长（经理）负责制时，十分严肃地说：八个部反对，怎么得了呀！当即指定李富春找八个工业部的负责同志做工作。1956年2月26日，毛主席在听取一机部汇报时说：集体领导与个人负责，两个缺一都完成不好，不要个人负责也很危险，集体领导基础上的个人负责制，是更好的个人负责制，严格执行厂长命令，但有个集体比没有好。1962年2月25日，他在一次谈话中说：厂内几千几万人是大事，没有党委领导，很容易打架。依靠党委领导，就是大事要党委议，党委不妨碍厂长决定的执行，它保障厂长决定的执行，大事党委议，紧急事厂长下命令。由此可见，贯彻群众路线，工人参加生产管理，实行民主监督，是毛主席一贯的指导思想。

我在八大发言中是这样说的："就在推行一长制的这个期间，也有不少企业由于领导干部保持了我党在长期革命斗争中发展起来的优良的传统，在实际工作中坚持了党的集体领导和个人负责相结合的原则，就把企业办得比较好，也创造出了党如何领导企业的一些良好经验。"这些行之有效的经验就是："企业中重大问题，包括生产行政在内，都在党委会上进行充分的讨论，依靠集体的经验和智慧，作出决定，然后，由企业行政领导同志按照个人负责的原则，负责组织执行，至于日常行政事务和技术工作，则一概由企业行政领导同志独立负责处理，党组织不仅不加干涉，并且从各方面给以支持。紧急的问题需要当机立断，迅速处理的，也由企业领导同志负责处理，党委给以支持。"这也就是当时中央决定的在企业中实行党委领导下的厂长（经理）负责制的中国企业领导制度。

历史经验告诉我们，党委的集体领导是以群众路线为基础的，必须把领导人员的经验和智慧与广大群众的经验和智慧结合起来，走群众路线，才能不断克服主观主义和官僚主义，才能坚持我党全心全意为人民服务的宗旨。

党的八大以后，我参加了中央书记处的工作，还兼任中央工业工作部部长。工业工作部的机构和人员都由中央组织部定，干部是分口管理，任务是管理企业党委和各地工业部的方针、政策、政治思想工作，以及一些人事工作，企业的生产经营由国务院负责。我们根据党的八大的路线、方针、政策和中央关于研究工人阶级问题的通知，对企业的管理工作和企业的领导制度进行了较系统的调查研究，其中包括各地进一步完善党委领导下厂长（经理）负责制的经验，试行职工代表大会制的经验，企业在大搞技术革新和技术革命活动中群众创造的新鲜经验，以及企业发扬民主和职工福利问题等。例如：黑龙江庆华工具厂和建华机械厂工人直接参加班组管理，干部参加劳动和实行领导干部与工人、技术员三结合的经验，后来总结成“两参、一改（改革管理制度）、三结合”。我们把这些经验报告给中央，经中央批准，以后就形成了党委领导下的厂长负责制，党委领导下的职工代表大会制和“两参一改三结合”的中国工业企业的领导制度，并在全国企业中普遍执行。

1961年6月，在邓小平主持的中央书记处会议上，决定正式起草工业企业管理工作条例，也就是后来的“工业七十条”。主持起草工作的是薄一波和李富春，我也参加了起草工作。1961年9月17日，中央在庐山会议上通过了《国营工业工作条例》草案，并正式下发了这部工业条例（简称“工业七十条”）。“工业七十条”是在经过大量调查研究的基础上，总结了建国后我国国营企业的管理经验和教训而制定的。它明确地规定：“在国营工业企业中，实行党委领导下的行政管理上的厂长负责制，这是我国企业管理的根本制度。”“工业七十条”较为严格地规定了各级企业党组织的职能，为防止党委包办一切，规定了“在企业党委的领导下，企业生产行政工作的指挥，由厂长负责”，车间、工段、科室，不实行党委或支部领导下的负责制，实行车间主任、工段长、科室主任负责制。但是在后来的实践中，由于企业党委领导下的厂长（经理）负责制受到“左”的方面的严重干扰，尤其是在“文化大革命”中，这条路线走得更偏了，从“书记挂帅震山川”到了无政府主义泛滥。这些后果的造成，从根本上讲是民主集中制关系问题没有解决好，甚至有时放弃了民主集中制的原则。因此，“工业七十条”实际上也没有得到认真的贯彻执行。

党的八大前后，我们比较集中考虑的问题是我国工人阶级地位如何巩固，如何发挥广大职工群众的聪明才智和生产积极性。企业管理说到底是针对人的管理，这是很复杂的问题。没有细致的政治思想工作，就不能真正调动起广大职工群众的生产积极性，工人阶级的主人翁精神也不能体现出来，工人阶级没有地位，共产党的宗旨就丢掉了。因此，如何处理好企业中党政关系、干群关系、政治思想工作与经济利益的关系等，在今天看来也是不容忽视的问题。过去因为种种历史原因，这些问题没有解决好，在几十年的风风雨雨中，我国国有企业有过许多经验教训，但客观地讲，党委领导下的厂长（经理）负责制在当时的历史条件下，对我国工业化的建设是起过积极作用的。特别是现在，要建立社会主义市场经济条件下的现代企业制度，没有现成的模式，究竟如何更好地解决社会主义企业的领导制度和管理问题，还要经过很多艰苦的探索，这对我国的国有企业来说又是一次新的严峻考验。但是我坚信，有中国共产党的领导，无论什么样的艰难险阻都能战胜。

（摘自《中共党史研究》1996年第4期）

陈云与中共八大

/张丽　郭兰瑛

1956年9月15日至27日，中国共产党在北京召开了第八次全国代表大会。陈云在大会上的发言中，提出了“三个主体、三个补充”的思想，即在工商业经营方面，国家和集体经营是主体，个体经营是补充；在生产计划方面，计划生产是主体，自由生产是补充；在社会主义的统一市场里，国家市场是主体，自由市场是补充。陈云的这一思想，在党对社会主义经济体制探索的历史上具有重要的理论意义和实践意义。

1

1956年9月20日，陈云在中国共产党第八次全国代表大会上作了关于社会主义改造基本完成以后的新问题的发言。在这个发言中，陈云充分肯定了社会主义改造的伟大胜利，深刻地分析了社会主义改造基本完成后存在的新问题，提出了解决这些问题的措施，并在此基础上明确地提出了“三个主体、三个补充”的思想。

陈云指出：“在农业、手工业、资本主义工商业的社会主义改造高潮中，由于形势发展太快，具体的组织指导工作不容易完全跟上，也产生了一些暂时的、局部的错误。”对于这些错误，陈云讲了三个方面：一是在手工业合作化过程中，过多地实行了合并和统一计算盈亏，导致了一些手工业品品种减少、质量下

刘少奇、毛泽东、周恩来、陈云、朱德（左起）在中共八大主席台上

降；二是资本主义工商业在改造高潮中，也发生了一些盲目合并现象，导致了同手工业类似的问题；三是在农业合作化过程中，对于应该由社员家庭经营的副业注意不够，再加上其他方面的影响，一部分副业产品的生产有所下降。

在分析社会主义改造基本完成后出现的新问题的基础上，陈云提出：为了改变过去为限制资本主义工商业所采取的办法，并有效地纠正在社会主义改造过程中由于缺乏经验而发生的一些错误，应该采取以下五个方面的措施。

第一，“我们应该改变工商企业之间的购销关系。”“应该把商业部门对工厂所实行的加工订货办法，改为由工厂购进原料、销售商品的办法”。陈云认为，对于有关国计民生和规格简单的产品，如棉布、煤炭、食糖等，应继续实行统购统销，以便保证供应，稳定市场。对品种繁多的日用百货，可由商业部门选购。工厂对于没有被选购或选剩的商品，可以自销或委托商业部门代销。上级批发公司不准向下面派货，下级商店可以向全国任何批发机构或工厂直接选购。

第二，“工业、手工业、农业副产品和商业的很大一部分必须分散生产、分散经营，纠正从片面观点出发的盲目的集中生产、集中经营的现象。”陈云指出，绝大多数合营工厂是制造日用消费品的，人民对日用消费品的需要是多样的并经常变化的。大工厂的生产不如小工厂灵活，如果把小厂统统并成大厂，就不能适应人民生活的需要。在手工业方面，必须把许多大合作社改为小合作社，由全社统一计算盈亏改为各合作小组或各户自负盈亏。商业方面合并过多的必须适当分散，小商小贩在合作小组内各自经营的办法应长期保持。农村的许多副业生产应该由社员分散经营，才能增加品种和产量，适应市场需要，增加社员收入。

第三，“必须取消市场管理中那些原来为了限制资本主义工商业投机活动而规定的办法。”陈云提出，对于粮食、经济作物、重要的农副产品仍然需要由国家统购，但对许多一般的农副产品应允许各种商店、供销社或合作小组自由收购，自由贩运，禁止互相封锁，以活跃商品的交流。

第四，“必须使我们的价格政策有利于生产”。陈云认为，对于各种产品，要按质论价，品质优良、成本较高的产品的价格，要适当地提高。消费品中的新产品，因为初制的时候成本高，应允许在初销时期有一定程度的提价。过去一部分农副产品的收购价格偏低，妨碍了生产，应该加以调整。陈云还说，这样做可能引起一些产品价格的暂时上涨，但将促进这些产品的生产，等到供求平衡以后，就会回落到正常的水平。

第五，“对某些产品的国家计划管理的方法，应该有适当的变更。”陈云还指出，对于日用百货、手工业品和小土产，国家只是把个别品种列入国家计划，此外都不列入，这种办法是恰当的。但国家计划规定了这些产品每年的产值和上缴的利润额。这些规定的根据并不是确切的，绝大多数是估算的。指标层层下达后，由于产品由商业部门包销，因此生产单位往往只顾完成产值和利润，而不够注意是否合乎市场需要。我们应该把国家计划中规定的指标作为一种参考指标，让生产单位按照市场情况自定指标进行生产，根据年终的实绩来缴纳利润。只要生产发展了，并不会造成国家的损失。

陈云说：“采取上述五项措施的目的，就是要把我国资本主义工商业和个体农业、手工业，改造成为这样一种有利于人民的社会主义经济。”进一步指出：“我们的社会主义经济的情况将是这样：在工商业经营方面，国家经营和集体经营是工商业的主体，但是附有一定数量的个体经营。这种个体经营是国家经营和集体经营的补充。至于生产计划方面，全国工农业产品的主要部分是按照计划生产的，但是同时有一部分产品是按照市场变化而在国家计划许可范围内自由生产的。计划生产是工农业生产的主体，按照市场变化而在国家计划许可范围内的自由生产是计划生产的补充。因此，我国的市场，绝不会是资本主义的自由市场，而是社会主义的统一市场。在社会主义的统一市场里，国家市场是它的主体，但是附有一定范围内国家领导的自由市场。这种自由市场，是在国家领导之下，作为国家市场的补充，因此它是社会主义统一市场的组成部分。”这样，陈云就明确地提出了“三个主体、三个补充”的思想。

2

陈云的“三个主体、三个补充”的思想，是对刘少奇在八大上的报告、周恩来在八大上的报告中的有关精神的进一步概括、补充和发挥、发展，既符合两个报告的精神，又具有自己的独到见解。这里需要说明的是，刘少奇的报告和周恩来的报告已分别于9月17日、9月19日在《人民日报》发表，因此陈云的这一思想只能体现在八大的有关决议中。

9月27日，大会通过了《中国共产党第八次全国代表大会关于政治报告的决议》。这个决议指出：“在商业方面，由于私营工商业的社会主义改造已经基本完成，在我国已经形成了社会主义的统一市场。为了适合于新的经济情况和人民的需要，这种社会主义的统一市场应当以国家市场为主体，同时附有在一定范围内的国家领导下的自由市场，作为国家市场的补充。为此，必须采取相应的措施，改进购销关系和市场管理办法，并且合理地调整物价，以利于商品流通的扩大和工农业生产的发展。”显然，这个决议明确肯定了陈云关于“国家市场是主体、自由市场是补充”的思想。

这个决议指出：“全国工农业产品的主要部分都将列入国家计划，由生产单位按照计划进行生产。但是为了适应社会的多方面需要，在国家计划许可的范围内，有一部分产品将不列入国家计划，由生产单位直接按照原料和市场的情况进行生产，作为计划生产的补充。国家对于这一部分产品的生产只从供销关系上加以调节，或者只规定参考性的指标。如果把这一部分产品勉强列入国家计划，或者把参考性的指标当作正式计划的指标，对这些产品的生产作不必要的限制，那就不合于经济发展和人民生活的需要。”显然，这个决议也明确肯定了陈云关于“计划生产是主体、自由生产是补充”的思想。

这个决议还指出：“社会主义经济的主体是实行集中经营的，但是也需要有一定范围的分散经营作为补充。在对于公私合营的工商业和合作化了的手工业、小商业、农村副业进行经济改组的时候，必须根据各行各业的具体情况，正确地解决集中经营或者分散经营的问题。如果把应当分散经营的勉强地合并起来集中经营，那也就不合于经济发展和人民生活的需要。”显然，这个决议并没有明确肯定陈云关于“国家和集体经营是主体，个体经营是补充”的思想。这个决议没有使用“国家”、“集体”、“个体”的字样，而是使用了“集中经营”和“分散经营”的字样。可见，这个决议对陈云的这个提法是持保留态度的。陈云所说的“个体经营”，实际上是指个体经济。而这个决议中所说的“分散经营”，其内涵很难界定为个体经济，因为集体经济也是可以分散经营的。

虽然这个决议没有明确肯定“国家和集体经营是主体、个体经营是补充”，但在同一天大会通过的《中国共产党第八次全国代表大会关于发展国民经济的第二个五年计划（一九五八——一九六二）的建议》中,实际上肯定了这个提法。这个《建议》中指出:“由于小厂、小店比较机动灵活,容易适应各方面的需要,因此在经济改组过程中,应该注意到不要过分集中。对那些社会需要或者经营合理的小型工业企业应该保留下来,不要盲目并厂,以免削弱各方面的协作配合。商业更应该采取多样的经营方式,在国营商业和合作社商业的领导下,保持适当的分散经营;要在城市居民区和农村中保存适当数量的小商小贩,以便利居民日常生活的需要。”“手工业生产合作社的组织也不宜过分集中,某些行业还应该适当分散,并且容许一部分手工业者、特别是特种手工艺品的生产者继续独立经营。农民兼营的而其产品又在本地销售的手工业,可以根据实际情况由农民个人经营,或者由农业生产合作社经营,以满足当地居民的需要。”可见,八大通过这个《建议》实际上肯定了“国家和集体经营是主体、个体经营是补充”。因为“在国营商业和合作社商业的领导下,保持适当的分散经营”,这种“分散经营”就不是国营商业和合作社商业的组成部分,而是在国营商业和集体商业领导下的个体商业。“保存适当数量的小商小贩”,就是允许商业中的个体经营存在,允许个体商业存在。容许一部分手工业者“继续独立经营”,就是允许个体手工业存在。陈云所说的工业中的个体经营,实际上就是个体手工业,而不会是机器工业,不会是轻工业、重工业。

通过以上分析可以看出,中共八大肯定或接受了陈云关于“三个主体、三个补充”的思想,但在文字表述上是与陈云的表述有所不同的。党在当时虽然在实际上允许一定范围内的个体经济存在,但没有能够使用“个体”这一概念。这在当时的历史条件下虽然是可以理解的,但也反映出党对社会主义改造基本完成后应在一定范围内允许个体经济存在尚缺乏足够的认识。

(节录自《东北师大学报·哲学社会科学版》2004年第6期,收入本书时标题做了修改)

对朱德在党的八大创见的解读 /陆仁权

党的八大时，饱经革命沧桑已是70岁高龄的朱德，在怎样建设一个社会主义伟大的国家方面，分析了新中国起步时的国情，提出了"建立社会主义家业"和"创立社会主义家业的时期"的重要论断。这是朱德在党的八大最重要的理论建树。这些创见，是党的八大思想宝库的瑰宝。

朱德、邓小平在中共八大上投票

对朱德新中国起步时国情思想创见的解读

朱德在党的八大的发言，即《加强党的团结，建设社会主义》，是朱德关于社会主义建设思想的代表作。它以相当大的篇幅，分析了正在开展的社会主义建设的困难和有利条件。这是朱德关于我国经济建设起步时国情的基本思想。

国情是一个历史的、动态的、综合的概念，内涵丰富，包括国家、自然和人文方面的情况。朱德侧重从对经济建设有利和不利的现实因素方面，分析了建设初期的国情。

（一）关于社会主义建设的困难，即国情的不利的现实因素

朱德指出："我们进行社会主义建设的困难在哪里呢？最根本的困难，就是在于我们的经济落后和文化落后，我们的国家原来被帝国主义剥削得很穷"，"遗产很少"。朱德对新中国社会主义建设困难的概括，非常简洁，有历史的广度和深度。

关于经济落后问题。朱德在党的八大前后，有多方面的分析。早在1949年7月，朱德在全国工会工作会议上的讲话中，谈到未来新中国建设时就指出："在经济上，中国经济落后，中国的工业和农业在国民经济中的比重就全国范围来说，大约是现代性的工业占百分之十左右，农业和手工业占百分之九十左右。毛泽东同志指示我们：'这也是在中国革命的时期内和在革命胜利以后一个相当长的时期内一切问题的基本出发点。'"在新中国成立后不久召开的水利会议上，他就说："我们的国家过去是一个长期处在帝国主义、封建主义、官僚资本主义掠夺压榨下的落后的农业国家。"对"城市的繁荣"现象，朱德作了深刻剖析："旧中国的城市，特别是大城市，其'繁荣'是帝国主义殖民地经济的'繁荣'，是建筑在封建剥削基础上搜刮农民膏血的'繁荣'，要把这种城市转变成为新民主主义的城市，生产的城市，一般是要有一个相当过程。"

关于文化落后问题。旧中国文化状况落后是当时全党的共识。毛泽东曾指出："现在我们是被拖住了脚，落后的东西拖住了好的东西，比如不识字、不会算账，妨碍了我们的经济、政治、军事的发展。"这里的文化落后主要是指人的科学文化水平低。党的八大前，毛泽东曾说：拿工人农民来说，工人比较有文化，他们有技术，但还不能当工程师，比较资产阶级和知

识分子就差。农民不能说没有文化，精耕细作，唱民歌、跳舞也是文化。”但是他们大多数不识字，没有现代的文化技术，能用锄头、木犁，不能用拖拉机。”

关于被帝国主义剥削得很穷的问题。1840年鸦片战争以来，帝国主义国家的侵略迫使旧中国签订了1000多个丧权辱国的条约。从1840年到1905年的66年中，除了外国侵略战争所造成的巨大破坏外，清政府仅支付战争赔款一项，中国就损失白银十几亿两（含利息），而当时清政府每年的财政收入不过8000多万两白银。帝国主义对中国的剥削的途径是在华投资。20世纪开始时，它们在华投资有15亿美元，到抗日战争前达43亿美元。它们的投资主要是商业性掠夺，依靠在华特权获取最大限度的利润。这种投资可以说是没有资本输出的投资。

关于“遗产很少”问题。新中国成立之初，朱德就曾谈到经济建设的一些困难：“由于国民党反动统治的结果，益加破坏了农村经济，毁坏了各种建设工程，特别是以水当兵，借河流作反动军事的防御工事，大规模地破坏了河防工程和造林、蓄水等防旱防洪设施。除老解放区外，大部地区在我人民解放军即将解放前，所有桥梁、涵洞、河堤、江岸都被国民党反动集团肆意破坏，几无一处完整者。”因此，他深刻指出：“我们要在过去反动统治的废墟上建设起一个新的、繁荣强盛的国家。”朱德从中国社情实际出发，对社会主义建设困难国情的概括，为他提出建立社会主义家业的战略思想奠定了理论基础。

（二）关于社会主义建设的一切有利的条件，即国情有利的现实因素

对社会主义建设的有利条件，朱德从政治、经济的两个层面作了分析。

第一，“最主要的有利条件”，就是“我们有全国人民在我们党的领导之下的大团结”。这是政治资源方面的国情。首先，关于党的领导。朱德在党的七大报告时，就把"我们党的领导"概括为解放区抗战的一条"总的经验"。在1953年，朱德指出"党的集中统一领导的原则，是党中央和毛泽东同志历来所强调和坚持的原则。"他在党的八大上说：我们的党是伟大的、光荣的、正确的，三十五年来我们终于把一个处在分裂和被压迫状态中的伟大的中华民族团结起来，掌握了自己的命运。其次，关于全国人民的大团结，朱德的阐发是："这个团结，是以工农之间的亲密联盟为主体的，它还包括了民族资产阶级、上层小资产阶级和它们的知识分子，包括了各民主党派和无党派的爱国人士，包括了国内各民族和国外华侨。"这个团结，是六亿人民的团结，"六亿人民的团结是一个伟大的力量。"我们依靠这个人民的大团结的力量，取得了民主革命的伟大胜利，取得了社会主义革命的伟大胜利。社会主义改造的基本完成，使各族人民在工农联盟基础上的大团结，更加巩固，团结的范围更加扩大了。这是我们以比较快的速度来建成高度工业化的社会主义国家的最根本的有利条件。

第二，"重要的有利条件，就是地大物博和人口众多"。这是经济资源方面的国情。对此，朱德阐发道：我国的工业资源是很丰富的，就重工业来说，煤、铁和各种有色金属的蕴藏量尤其丰富；就轻工业来说，原料是比较充足的或者是可以大大增产的，市场也是广阔的。在发展多种经营的农业经济方面，我国具有世界上少有的优良的地理条件，可以种植各种热带、亚热带和温带的作物，出产各种有用的和贵重的土产、特产。"这些丰富的资源和有利的自然条件，我们还远远没有充分地加以利用。""众多的人口，是我国最大的生产力，是我国最宝贵的财产，在我们的国家里，是不愁没有劳动力的。"我们的任务就是要充分地合理地利用我国众多的劳动力和半劳动力去开发我国的丰富的资源，逐步做到"地尽其利"、"人尽其力"和"货尽其用"。朱德这样着力向全党和全国人民具体阐发社会主义建设的有利条件，意在要求中央和地方政府，要反复进行调查研究，充分利用有利的国情，科学地全面规划，制定鼓励发展生产的政策，充分地动员中央各部门和地方各级政府的积极性，动员社会全体劳动者的积极性、创造性，投入到创立社会主义家业的建设活动中，以改变国家贫穷落后的面貌。

我国进行社会主义建设启动时的基本国情，也是我们认识朱德关于社会主义建设思想的出发点。

对朱德建立社会主义家业创见的解读

朱德在党的八大的发言，讲到社会主义建设的任务和困难时，独创性地提出了一个战略概念：建立社会主义家业。我认为这一概念与党的八大确立的建立一个独立的比较完整的工业体系和国民经济体系一样，是历史经验的总结。

（一）建立社会主义家业是对中国式的社会主义建设规律性的认识

建国初朱德就指出："不能成为精通社会发展规律和革命运动规律的人，不是具有丰富的科学知识的人，那末我们的革命事业就将不能顺利地前进，这是很明显的道理。"他提出的建立社会主义家业的立国之策是符合"中国式的社会主义"发展规律的。

第一，建立社会主义家业，符合中国式的社会主义建设的实际。中国式的社会主义，是朱德在长期的革命实践中逐步形成的正确思想的结晶。朱德1922年至1926年曾途经法国到德国和苏联学习考察，学习马克思列宁主义著作，讨论"什么是社会主义？社会主义同资本主义有什么区别？社会主义制度具体是怎样的？"有时"分析国际形势和各国革命运动的发展，认识到中国革命问题是同国际问题联系在一起的"。他对西欧资本主义社会的发展有一定感受。1954年6月14日，朱德出席了中央人民政府委员会第三十次会议，毛泽东在这次会议上深刻地指出：中国开始社会主义建设时“能造什么呢？能造桌子椅子，能造茶碗茶壶，能种粮食，还能磨成面粉，还能造纸，但是，一辆汽车、一架飞机、一辆坦克、一辆拖拉机都不能造。”可以说中国式的社会主义是在社会制度上起点高、经济文化上起点很低的基础上进行的。

第二，建立社会主义家业与“铲地基”、“起房子”思想一脉相承。朱德在1949年1月参加了在西柏坡召开的中央政治局会议。在这次会议上，毛泽东曾用“铲地基”、“起房子”来概括我们党成立以来的历史，以及我们将要开展的新中国经济建设事业。他说：“必须谨慎，不能急于求社会主义化。”“如果希望搞社会主义，太快，会翻斤斗。中共二十八年，再加两年，完成全国革命任务，就是铲地基，但是起房子，这个任务要几十年功夫。高级干部要懂得，全国打开，事情方开始，那时会感觉比打仗还难。”这里毛泽东认为未来国家的社会主义经济建设不能急于求成，民主革命推翻三座大山，要三十年的“铲地基”，经济建设犹如盖房子，也要几十年功夫。朱德的建立社会主义家业的思想与毛泽东“铲地基”、“起房子”思想是一脉相承，息息相通的。两者都体现了按规律办事，从国情实际出发、实事求是，形象地表述了革命和建设承前启后的发展路径和基本内容。

第三，建立社会主义家业是新中国发展总目标的必然要求。党的七届二中全会是一次以建立和建设新中国为主题的中央全会。这次会议首次提出“把中国建设成一个伟大的社会主义国家”。这是一个体现中国人民雄心壮志的战略性目标。新中国建立后，朱德在很多重要讲话中都宣传这个目标。1954年4月，他在一次讲话中明确说道：党正领导着全国人民“要在相当长的时期内把我们的国家建设成为一个伟大的社会主义国家”。在关于中华人民共和国宪法草案的讲话中，毛泽东进一步把它称之为"总目标"。党的八大进一步确认了七届二中全会的目标。因此，朱德在党的八大的讲话中说："中央委员会的政治报告指出，现在摆在我们全党和全国人民面前的基本任务，就是要把我国建设成为一个伟大的社会主义国家。"这就必然要有在"过去反动统治的废墟上""建立社会主义家业"为内容的奠基工程。

（二）建立社会主义家业与建立一个独立的比较完整的工业体系异曲同工

建立社会主义家业这一概念，朱德没有明确规定具体内涵。结合党在八大前后社会主义建设的主要的理论和实践，我作一个尝试性解读。

第一，从提出的历史背景来看，建立社会主义家业和建立一个独立的比较完整的工业体系都是社会主义工业化的重要组成部分和初始阶段的目标。半殖民地半封建的旧中国，没有多少工业。新中国只接收工矿企业2800余家，金融企业2400余家，它们是人民共和国建国初期社会主义经济的主要部分。从1953年起，我国开始实行第一个五年计划，党提出并贯彻社会主义过渡时期的总路线。"一五"计划和过渡时期总路线都把国家的社会主义工业化当作当时的主要任务。朱德从1953年起，在不同场合的讲话中，都号召和动员各界要为实现社会主义工业化而奋斗。短短几年的社会主义工业化实践，使他深切地感到，在"过去是一个长期处在帝国主义、封建主义、官僚资本主义掠夺压榨下的落后的农业国家"，进行社会主义工业化任务极其繁重和艰巨。因此，在八大发言中，他指出：我们要继续进行社会主义工业化的建设，"是更加巨大和更加困难的工程"。把中国的社会主义工业化称之为一项"更加巨大和更加困难的工程"，这种认识上的升华，言简意赅，道出了经济文化落后的农业大国进行社会主义工业化的艰巨性、长期性。由此，他提出了要先"建立社会主义家业"

这一朴素形象的战略性新概念，表明要放眼国家的长远未来，立足当前，先要有一段时期来建立一个工业化的基础，然后再以此为阵地，推进工业化进程向深度广度发展。这是对短短几年历史经验的升华，也是对工业化发展进程的一个阶段性战略任务的认识。

第二，建立社会主义家业与建立一个独立的比较完整的工业体系，是同步发展的。党的八大确定的建成一个完整的工业体系，党中央后来又作了两次完善和发展。1964年12月，在朱德主持的全国人大三届一次会议上，周恩来作了新的阐述：从第三个五年计划开始，我国的国民经济发展，可以按两步来考虑：第一步，建立一个独立的比较完整的工业体系和国民经济体系；第二步，全面实现农业、工业、国防和科学技术的现代化，使我国经济走在世界的前列。这个报告从现代化的角度讲工业化，提出了两步走的战略布局，在原来的工业体系基础上，增加了"国民经济体系"的重要内容，并将建立工业体系和国民经济体系的时间，从原来的"第三个五年计划的时期"延长到"再经过大约两个五年计划的时间"。1975年1月，在朱德主持的全国人大四届一次会议上，周恩来进一步提出：从第三个五年计划开始，我国国民经济的发展，可以按两步来设想：第一步，用十五年时间，即一九八〇年以前，建成一个独立的比较完整的工业体系和国民经济体系；第二步，在本世纪内，全面实现农业、工业、国防和科学技术的现代化，使我国国民经济走在世界的前列。这次报告的亮点是，确定了实现国民经济两步走的具体时间表：第一步是1980年以前；第二步是到本世纪末，即20世纪末。第三、四届人代会的两届政府工作报告，都是在朱德主持下先后通过的。因此，我们说朱德的建立社会主义家业，与建成一个独立的比较完整的工业体系和国民经济体系，在时间上同等，在进程上是同步的，在内容上是统一的。

对朱德创立社会主义家业的时期创见的解读

朱德的"我们正处在创立社会主义家业的时期"创见，提出已有半个世纪。新中国哪一段历史适用于这一称谓呢？朱德生前没有明示。我只有根据党和国家社会主义经济建设的理论和基本业绩来探讨这一理论问题。

（一）创立社会主义家业的要义

建立社会主义家业是一项艰苦的创业工程，因此，朱德使用了创立社会主义家业的概念。怎样实现这一伟大的创业工程，朱德提出了一个重要原则，这就是："要靠勤劳，还要靠节俭。"对此，他说明道：勤俭是我们劳动人民固有的美德。"克勤克俭，成家立业"的格言，现在应当成为我们每一个国家工作人员和经济工作人员必须时刻牢记和贯彻执行的原则。党中央一向要求我们全党的同志保持艰苦奋斗的优良作风，并且多次领导全党开展了厉行节约、反对浪费的运动。为此，朱德认为：必须动员全党来抵制"铺张门面、讲究排场、随便挥霍老百姓的金钱的严重现象。"后来他在一篇文章中强调要使全国人民都要注意贯彻勤俭建国、勤俭持家的方针，认为这是在落后和贫穷的基础上建设现代化富强社会主义所必需的。因此，朱德的创立社会主义家业，就是要求党和人民要用中华民族艰苦奋斗的传统和精神来建立社会主义家业。

（二）新中国成立后的三十年是创立社会主义家业的时期

新中国成立后三十年的大部分时间，是毛泽东、周恩来、刘少奇、朱德等党和国家主要领导人，率领全国各族人民，在一穷二白的基础上，突破外部敌对势力的经济封锁、军事威胁，进行经济建设的历史。党的十一届三中全会以来，历届中央领导人都高度评价"三十年"间经济建设的业绩及历史作用。叶剑英在国庆三十周年时指出："我们在旧中国遗留下来的‘一穷二白’的基础上，建立了独立的比较完整的工业体系和国民经济体系。”“三十年来我国国民经济各部门取得的巨大成就，已经为实现四个现代化的伟大事业奠定了比较雄厚的物质基础，创立了可以依靠的前进阵地。”邓小平认为：“三十年间取得了旧中国几百年、几千年所没有取得过的进步”，“有了一个向四个现代化前进的阵地。”陈云对“三十年”历史的评价是：“三年恢复，赶上蒋介石二十二年。”“从‘一五’到现在，……中间虽有曲折，但发展也不算太慢。在过去这些年里，我们搞的一百五十六项、尖端科学技术、石油自给、武钢一米七轧机、十三套大化肥、……铁路、电力、农田水利等建设，它们的作用不能低估。”以上论述向世人雄辩地表明，新中国成立后的三十年，我国建立起了独立的比较完整的工业体系和国民经济体系，这是利在当代、功在千秋的“社会主义家业”。

（三）确定创立社会主义家业的时期在新中国历史上具体方位的理论意义

朱德的创见是一种实践性的理论，随着时间的推移，历史价值会更加熠熠生辉。将创立社会主义家业的时期定位于新中国成立后的三十年，对党史、国史学科的理论建设将产生重要影响。限于篇幅，本文扼要谈两点看法。

第一，体现了与时俱进的马克思主义历史观的要求。史学界对新中国建立后三十年历史划分了若干个阶段，各有不同称谓，这些称谓是依据建国后党和国家的重大政治、经济活动或运动而得名的。这是历史的产物，有它的合理性。现实需要对三十年的历史有一个贴近实际、贴近群众的权威性的称谓。所谓贴近实际，就是贴近一穷二白的历史实际，贴近建设一个伟大社会主义国家的实际，贴近以经济建设为中心的实际，贴近党的战略部署的实际；所谓贴近群众，就是用一个老百姓说起来喜闻乐见、简洁明确的概念；

所谓权威性，应是党和国家主要领导人在党和国家关键性会议上提出来的。朱德在党的八大上提出的“创立社会主义家业的时期”的概念，就符合以上要求，体现了这一时期亿万人民艰苦奋斗建设家园的时代内容。

第二，丰富了毛泽东思想的发展观。朱德的发展观是毛泽东思想发展观的重要组成部分，但学界探讨不多。朱德的发展观总体上与我党这一时期的发展观基本上是相一致的。如在建设一个伟大的社会主义总目标总任务下，在怎样更好地发展问题上，主张走自己的路，实行两步走战略等。朱德发展观的特殊性，体现在党的八大上的创见上。这些创见就是新中国的工业化初始阶段的理论定位。这个定位，要求人们要用长期的过程论思想看待社会主义工业化，要克服急躁的苗头；要求人们搞社会主义工业化要在弄清建设困难和有利的条件，先从建立社会主义家业起步，明确当时正处在创立社会主义家业的时期，正是社会主义初级阶段的初始时期的历史特征，而不是高速和提前完成工业化任务时期。这是一个清醒的、冷静的、理智的目标定位。中国的社会主义工业化要树立一个长期奋斗的思想，把阶段性目标与长远性目标结合起来。用朱德发展观看待三十年的历史，就要理智地看待这段历史，善待这段历史，像朱德那样把三十年的经济建设看作打基础，即是为建立社会主义的“基业”或“家业”。既然三十年是处在创立社会主义家业的时期，就可能走一些弯路。我们在避免重犯历史错误的同时，不可采取偏激情绪对待三十年，滑向否定社会主义道路、否定共产党领导的错误思潮方面去。

（节录自《全国朱德生平和思想研讨会论文集——纪念朱德同志诞辰120周年》，2006年12月3日）

八大路线未能坚持下去的原因 /谢春涛

党的八大在探索中国自己的社会主义建设道路方面，取得了许多积极的成果，但并没有能够坚持下去，在八大之后仅仅一年左右的时间内便相继遭到了背弃。八大路线未能坚持下去的原因是多种多样的，一些研究者已经作出了自己的分析。在我看来，主要有以下几个方面：

第一，党的主要领导人的认识存在分歧。虽然党的八大的主要决策是集体作出的，但党的主要领导人的认识事实上存在着分歧。最大的分歧是在经济建设方针问题上。既反保守，又反冒进，在综合平衡中稳步前进的经济建设方针，是周恩来等领导人通过总结1956年急躁冒进错误的经验教训提出来的，毛泽东在八大上虽然没有反对，但他对反冒进却始终有着自己的不同看法。早在1956年11月党的八届二中全会上，毛泽东就委婉地批评了反冒进。1957年1月，在省、市、自治区党委书记会议上的讲话中，他又对反冒进作了比较明确的指责。不久，由于在整风过程中不少党外人士对1956年的经济工作提出了批评，毛泽东进一步认定反冒进是错误的，给右派进攻提供了口实。因而，在反右派斗争开始后的党的八届三中全会上，他对反冒进进行了严厉的批评。此后，批评的调子又一再升级，使八大确定的正确的经济建设方针遭到了否定，导致了"大跃进"运动的发动。

第二，仍然受着传统观念和苏联模式的束缚。党的八大虽然正确地提出了改革经济体制的任务，但由于在指导思想上仍然受着以产品经济为基础的计划经济模式的束缚，因此，改革经济体制的努力便只能基本停留在中央与地方的分权等问题上，而不可能将企业当作商品生产和经营的独立单位给予其应有的自主权。"大跃进"运动中改革经济体制的努力走上了盲目下放中央的经济管理权的歧路，便说明了这一点。

第三，对社会主义建设时期阶级斗争的规律和特点缺乏正确的分析。党的八大虽然正确地分析了社会主义改造基本完成后我国社会的主要矛盾，并据此提出了党和人民今后的主要任务，但是，对于阶级关系变化的情况和阶级斗争存在的范围、性质、特点等，缺乏准确和清醒的判断。对资产阶级只作出了"已经处在消灭的过程中"的判断，把知识分子仍然列入资产阶级和小资产阶级的范畴。因此，一遇到某些范围内的紧张情况，便很容易用长期所熟悉、所常用的对敌斗争的办法观察和处理问题，将有新的特点的人民内部矛盾当作敌我矛盾，从而得出阶级斗争是主要矛盾的错误结论。

第四，没有法律制度的约束和保障。党的八大提出了扩大人民民主、建立健全社会主义法制的重要思想，确定了"长期共存、互相监督"的党处理与民主党派关系的方针，肯定了毛泽东提出的"百花齐

中共八大主席台。前排左起：毛泽东、刘少奇、周恩来

放、百家争鸣”为繁荣科学和文化艺术工作的指导方针，部分党的领导人在此前后也提出了一些加强社会主义民主政治建设的主张。但是，这些方针和主张都没有转化为具体的法律规定，缺乏制度上的保障。因而，像双百方针等扩大人民民主和自由权利的正确方针，便很容易被任意界定和解释其含义，而使其名存实亡。

第五，党的领导层的民主生活不正常。八大前后党中央在探索中国自己的社会主义建设道路方面之所以取得丰硕的成果，是与这一时期党的领导层的民主生活比较正常分不开的。党的八大借鉴斯大林犯错误的经验教训，正确地提出了健全党的民主集中制，加强党的集体领导和反对个人崇拜的任务，但由于缺乏经验和对苏联的经验教训认识不够深刻全面，没有能够给予足够的重视并及时制定有效的措施。特别是对于反对个人崇拜，没有将其视为一项现实的重要任务，也没有把个人崇拜同领导者应有的健康的个人威望严格区分开来。因此，毛泽东在批判反冒进的过程中便得出了要有“正确的”个人崇拜的结论，并得到了党的领导层中不少人的赞同和拥护，从而强化了对毛泽东的个人崇拜和他在此基础上的个人专断，使党中央的集体领导遭到了严重破坏。八大确定的经济建设方针被否定，就是毛泽东凌驾于党中央的集体领导之上的一个恶果。

总的说来，八大路线没有能够在实践中坚持下去，与八大本身的不足和局限性有着很大的关系。由于党领导社会主义建设的时间很短，对于全面建设社会主义的思想理论准备不足，因而，一些新的正确的认识不容易确立并被广泛接受，遇到未曾料到的复杂情况时便容易改变。

（摘自《当代中国史研究》1996年第5期）

编辑手记 /安胡刚

“即使我们的工作得到了极其伟大的成绩，也没有任何值得骄傲自大的理由。虚心使人进步，骄傲使人落后，我们应当永远记住这个真理……”——这是毛泽东在党的八大开幕词中的“华彩段落”，今天读来，仍有发人深省、催人奋进之感。

2016年是党的八大召开60周年。这次党代会，是党在全国执政后召开的第一次全国代表大会，也是在中国由新民主主义社会过渡到社会主义社会这一历史转折时刻举行的一次大会，是党史、国史上的里程碑：不仅总结党的七大特别是新中国成立以来的历史经验，分析了国际形势发展的新特点和生产资料所有制改造基本完成后的国内形势及国内主要矛盾的变化，而且在此基础上，提出党今后全面开展社会主义建设的根本任务，制定出一系列适应政治、经济、文化、外交等发展的方针政策。

基于这样的重要性，我选取这一历史事件作为本辑《读·党史》的主题。通过一段时间选稿构思、编排栏目以及取舍，最终编辑成这本小册子。

在本辑小册子中，也试图为读者朋友解答一些谜团：自党的七大召开后，因何迟至11年后的1956年才召开八大；八大政治报告为何通篇只字未提毛泽东思想；党的八大开幕词等文件的起草者都有谁……关于这些，读者都能在其中找到答案。

但由于种种原因，党的八大提出的正确指导思想，不到一年时间就中断了，没能真正贯彻下去。而党的八大的历史地位，在于不仅总结了历史，肯定了成绩；而且提出了问题，设想了方向。这些设想为十一届三中全会的召开做了思想准备，为改革开放的迅速和顺利发展储备了思想理论。党的八大所起到的筚路蓝缕之功，也将永远闪耀其应有的光辉。

愿这本小册子，能给读者了解这段历史带来些许思考的乐趣。